Friedrich-Wilhelm Haack

Erkaufte Hoffnung

[redacted]

Die christlichen Sekten

junge münchener reihe

1. Auflage 1980
Verlag: Evangelischer Presseverband für Bayern e.V.
Birkerstraße 22, 8000 München 19
junge münchener reihe

Titelfoto: Ursula Zeidler, München
Satz, Druck und Gestaltung: Claudius Verlag München
ISBN 3-583-50502-6

Sie kommen an die Haustür und missionieren hartnäckig. Sektenmissionare gelten den einen als Zeichen für Idealismus, anderen als „typisch überzogene Fanatiker". Dieses Heft will der Frage nachgehen, was Sekten wollen, was sie sind.

Muß man Sekten Sekten nennen?

Hat der Begriff nicht einen negativen Beigeschmack?

„Also ich finde das gemein, daß man Sekten ‚Sekten' nennt. Wir im Zeitalter der Ökumene sollten toleranter sein", ärgert sich Doris im Religionsunterricht. „Wir können ja auch nicht hundertprozentig wissen, ob wir recht haben, und ‚Sekte', das ist doch ein Schimpfwort, oder?"

In der Tat, das Wort ist keine Liebkosung. Und doch ist Doris leicht überrascht, als sie die Antwort hört. „Ein Schimpfwort ist es sicher nicht, wenn man es nicht so auffaßt und meint. Der Begriff ‚Sekte' drückt sogar eine gewisse Verwandtschaft zu der Gruppe aus, die die andere als Sekte bezeichnet. So gehören die Mormonen, Jehovas Zeugen, die Neuapostolischen und die Christliche Wissenschaft doch immerhin zum Christentum, auch wenn wir sie als Sekte einordnen müssen. Bei den Hare Krisnas, den Scientologen, der Transzendentalen Meditation und den Theosophen ist das nicht so. Sie gehören zu den fremden Religionen und haben keinerlei religiöse oder geistige Verwandtschaft mit uns."

Soviel war nun schon auch ihr klar. Eine „Sekte" gehört irgendwie „dazu", sie ist zwar nicht „engste Familie", aber zur christlichen Verwandtschaft gehört sie allemal, wenn man sich auch nicht allzusehr über ihren Besuch freut.

„Und doch ist es eine Abwertung, wenn man von ‚Sekte' spricht", meldet sich Doris wieder zu Wort. „Könnte es nicht ein besseres Wort geben, ohne diesen negativen Beigeschmack?"

„Vielleicht", erhält sie zur Antwort, „vielleicht könnte man ein anderes Wort benutzen. Manche sprechen von ‚Sondergemeinschaften' oder versuchen ganz ohne einen Begriff auszukommen. Aber würde das etwas an den Tatsachen ändern? Soviel muß aber sicher sein: Wenn wir von ‚Sekten' reden, wollen wir niemanden beschimpfen. Wir meinen die Sache, um die es geht. Alles andere ist dabei zweitrangig."

„Und wenn uns einer als Sekte bezeichnet? Sollen wir uns das dann gefallen lassen?" meldet sich Hajo etwas

verärgert zu Wort. ,,Warum eigentlich nicht? Was ist schon dabei? ‚Sekte', das ist doch irgendwie eine Standpunktfrage. Ich hab neulich mit zwei Mormonen diskutiert, die haben dann plötzlich unsere Kirche als Sekte bezeichnet. Erst hab ich die ausgelacht, aber dann sind die ganz ruhig geblieben und haben gesagt, daß sie ja den richtigen Glauben haben und alles andere sind dann Sekten.''
Gucki, ansonsten Jürgen benamster Science-Fiction-Fan, macht sich sonst eher einsilbig. Jetzt hat ihn das merkwürdige Thema irgendwie gepackt. ,,Ich weiß bis heute nicht, was ‚Sekte' ist. Man sagt das immer so, aber wann ne Sekte als Sekte bezeichnet werden kann, da gibt's doch kein Gesetz für. Die Evangelischen sind doch auch eine Sekte von der katholischen Kirche hab ich mal gehört. Sekte ist also einfach ne neuere Gemeinschaft.'' ,,Nee, ne kleinere.'' ,,Sekten sind irgendwie fanatisch.'' ,,Die spinnen, die Sekten.'' – ,,Das ist unfair. Sekten sind mit vielmehr Ernst bei ihrem Glauben. Denk doch mal an die Zeugen Jehovas. Würdest du dich für deinen Glauben so einsetzen?''

Schon die alten Römer . . .

Das Wort ist alt. Schon die alten Römer kannten die ,,secta''. Es waren die ewig zerstrittenen Schulen der Philosophen, die so bezeichnet wurden, oder die politischen Parteien (die allerdings mit unseren heutigen kaum vergleichbar waren). Schon damals war der Begriff ,,secta'' nicht eindeutig zu klären. So weiß man nicht, von welchem lateinischen Wort er überhaupt abstammt. Es gibt zwei Möglichkeiten:

1. Er könnte von ,,sequor, sequi'' kommen. Dieses Wort heißt ,,jemandem folgen'', etwa einem Partei- oder Schul-Oberhaupt oder einem religiösen Führer.
2. ,,Secta'' könnte vom Wort ,,secare, sectus'' abgeleitet worden sein. Das würde soviel wie ,,abtrennen, abschneiden'' bedeuten und mit unserem ,,Sektor'' (Ausschnitt, Abschnitt) verwandt sein. Dann würde eine Sekte eine Absplitterung einer anderen Gruppe sein.

Tatsächlich sind heute beide Bedeutungen irgendwie mit dem Begriff Sekte verbunden. Nur wird er heute fast ausschließlich auf religiöse Gemeinschaften angewendet, und zwar in der Form, daß der Begriff ,,Sekte'' immer im Zusammenhang mit einem Überbegriff verwendet werden muß. Es gibt islamische, christliche, buddhistische und jüdische Sekten usw., aber es gibt nicht ,,Sekten an sich''. Der Begriff Sekte verweist also immer darauf, daß es eine Religion gibt, der die als Sekte bezeichnete Gruppe in irgendeiner Form zugehört. Und er sagt noch etwas anderes: Wer eine Gruppe als Sekte bezeichnet, ist damit der Ansicht, daß diese Gruppe nicht den Hauptstrang der betreffenden Religion darstellt.
Ob sie aber nun durch Abtrennung von einer anderen Gruppe oder durch Nachfolge gegenüber einem speziellen Lehrmeister entstanden ist, das ist gleichgültig.
Noch eins ist wichtig: ,,Sekte'' ist nicht das Gegenüber von ,,Kirche''. Kirche kommt von Kyrios (Herr), dem Ehrentitel Jesu Christi. Die Kirche ist die ,,zum Herrn Jesus Christus gehörende'' Gemeinschaft der Gläubigen. Die Kirche ist der ,,Leib Christi'', an dem er das Haupt ist und wir die Glieder sind, wie

Wachtturm-Kongreß – Lageplan

es der Apostel so bildreich eindrücklich sagt. In diesen „Leib Christi" werden wir durch die heilige Taufe eingegliedert. In ihr erfolgt unsere „neue Geburt", eben die als „Glieder dieses Leibes". Wer zu dieser Kirche letztlich wirklich gehört, entscheidet Jesus Christus im Jüngsten Gericht.

Ab wann eine irdische sichtbare Gemeinschaft als Kirche bezeichnet werden kann, sagen die Evangelischen in ihrer Lehr-Darstellung auf dem Augsburger Reichstag von 1530 klug und klar:

„Eine heilige christliche Kirche . . . ist die Versammlung aller Gläubigen, bei welchen das Evangelium rein gepredigt und die heiligen Sakrament lauts des Evangelii gereicht werden.

Dann dies ist genug zu wahrer Einigkeit der christlichen Kirchen, daß da einträchtiglich nach reinem Verstand das Evangelium gepredigt und die Sakrament dem göttlichen Wort gemäß gereicht werden. Und ist nicht not zur wahren Einigkeit der christlichen Kirche, daß allenthalben gleichförmige Zeremonien, von den Menschen eingesetzt, gehalten werden."

Gleichzeitig weiß man aber auch, daß „in diesem Leben viel falscher Christen und Heuchler, auch öffentlicher Sünder unter den Frommen bleiben", daß also die Kirche nicht die Gemeinschaft der Heiligen in unbefleckten Kleidern ist.

So kann der Gegensatz hier „falsche Sekte mit falschen Christen", dort „wahre Kirche mit echten Christen" nie aufgestellt werden. Wer so spräche, wäre selber auf dem Sektenweg.

Nimmt man das oben Gesagte ernst, so sind unterschiedliche Gottesdienst- oder Kleidungsformen, besondere religiöse Handlungen und viele andere Dinge mehr noch keine Kennzeichen der Sektenhaftigkeit. Wenn das Evangelium rein gepredigt und die Sakramente der Einsetzung durch Christus gemäß geübt werden, kann von Sekte nicht gesprochen werden.

Wann also kann man von „Sekten" reden?

Sekte contra Kirche?

Von Sekte werden wir dort sprechen, wo eine Gruppe bzw. Gemeinschaft gegen die Kirchen des auf dem apostolischen Zeugnis (Neuen Testament) gründenden christlichen Glaubens, Mission mit folgendem Anspruch macht:

Sie würden ein „besseres oder vollständigeres Wissen über die Person, die Botschaft und die Taten von Jesus Christus" besitzen und lehnen darum den geschichtlichen Weg der Kirche seit den „Tagen des Urchristentums" als falschen oder unvollständigen Weg ab.

Es geht also um folgende Kennzeichen:

1. Die Behauptung einer „besseren oder vollständigeren" Information als sie das apostolische Zeugnis (das Neue Testament) gibt.
2. Die Missionierung Andersgläubiger aufgrund dieser angeblich „besseren oder vollständigeren" Information.
3. Die Ablehnung der Geschichte der Christenheit, soweit in ihr diese „bessere oder vollständigere Information" nicht vorhanden gewesen ist (oft gepaart mit der Behauptung, „einige wenige" hätten „zu jeder Zeit das Wahre Licht der vollen Erkenntnis" gehabt).

An ein paar Beispielen läßt sich das leicht zeigen:

Die Mormonen haben als „vervollständigendes Zeugnis" ihr „Buch Mormon", die „Köstliche Perle" und sie glauben, ihr jeweiliger Präsident empfange „direkte Offenbarungen für die heutige Zeit von Gott". Sie gehen von Haus zu Haus, um zu missionieren und lehnen die Kirchengeschichte als „Irrweg" ab.

Jehovas Zeugen sind die missionarischste Sekte überhaupt. Sie glauben, durch den „Kanal Gottes" direkt geleitet zu sein und durch ihn die allein „wahre Erkenntnis" zu besitzen. Die Lehre der Christenheit über den Dreieinigen Gott und vieles andere (Kreuz, Göttlichkeit Christi usw.) lehnen sie ab. Die Kirchengeschichte ist für sie eine Geschichte der „falschen Christen", in der es nur immer wieder vereinzelte wahre Zeugen Jehovas gegeben habe.

Die Neuapostolische Kirche sieht in ihrem Stammapostel ein direktes Sprachrohr Gottes, neben dem das ,,alte Wort Gottes" eher verblaßt. Nur wer zu ihrer Gemeinschaft komme, gehöre zur ,,wahren Kirche". Die Geschichte der Kirche wird als Irrtumsgeschichte abgelehnt.
Doris, Hajo und Gucki hatten vieles von dem nicht gewußt. Man redet so ab und zu von ,,Sekten" und macht sich wenig Gedanken dabei. Sie akzeptieren schließlich auch den Hinweis, daß man erst mal einiges durchdenken und wissen muß, ehe man eine Meinung haben kann.
,,Gibt's nicht so was wie eine Mustersekte?" fragt Hajo. Wohl in der Hoffnung, dann so etwas wie einen leicht anwendbaren Lehrsatz oder ein Metermaß zu haben und sich nicht allzusehr rumplagen zu müssen. ,,Na klar, die Zeugen Jehovas", ,,Die Mormonen", tönt es – und einer, der wohl ein bißchen geschlafen und bloß das ,,Muster" gehört hat, meint eifrig: ,,Na, unsere Kirche" und wird von allen ausgelacht.
,,Nein, eine Mustersekte gibt es nicht. Aber es gibt, wie wir ja schon gesehen haben, ein paar Kennzeichen des Sektiererischen. Dabei ist nicht einmal ganz sicher, ob sich solche Vorstellungen und Ideen nicht auch bei Kirchenchristen finden. Wenn es so wäre, wären sie dort genauso falsch wie bei den Sekten, bei denen sie offizielle Glaubenslehre sind."

Abfall vom Goldenen Zeitalter?

Gute alte „Urchristenzeit" und schlechte neue Kirche?

Immer wieder sprechen Menschen von der „guten alten Zeit". Auch in der Religion . . .

Wiedererlangtes Paradies

„Wenn die Kirche wäre wie in der Urchristenheit, dann wäre ja alles gut. Aber heute glaubt niemand mehr so richtig und es gibt viel zu wenig Einsatz unter den Christen. Und dann die moderne Theologie, die macht ja alles kaputt."

Die Klage klingt neu und ist doch so alt. Es ist das Lied von der guten alten und der schlechteren neuen Zeit – mit der Hoffnung, daß es einmal wieder so gut werden soll wie damals. Schon die alten Griechen glaubten, daß auf das ursprüngliche Goldene Zeitalter ein weniger gutes „Silbernes" und ein noch ärgerlicheres „Eisernes" – die damalige Gegenwart – gefolgt sei und daß es einmal wieder ein neues paradiesisches „Goldenes" geben müsse.

Da mag schon was dran sein. Mit dem Alten kennt man sich aus, mit ihm hat man sich eingerichtet. Es bringt keine Überraschungen, macht keine Angst mehr. Es ist ausprobiert und bequem. Tatsächlich gibt es die Notwendigkeit, daß manche Dinge im Leben einfach konstant sein müssen, damit man sich drauf verlassen kann. Wenn man schließlich selber älter wird, hat man weniger Sehnsucht nach Neuerungen. Man liebt das Gewohnte. Und man hofft, daß es einmal wieder so schön wird, wie man glaubt, daß es war.

Nie wieder Krankheit, Kummer, Krieg

„Vom verlorenen Paradies zum wiedererlangten Paradies" (Wiesbaden 1959) heißt eine Schrift der Jehovas Zeugen. Schon der Titel zeigt den Traum. Auf Seite 259 lesen wir:

„Das Paradies, das 7000 Jahre zuvor durch Adam verlorenging, wird vollständig wiederhergestellt sein und sich über die ganze Erde erstrecken. Über alle Lebenden werden sich dann Gottes Segnungen ergießen. Die Erde wird mit frohen Menschen erfüllt sein, die dem wahren Gott von Herzen dienen. Diese glücklichen Menschen werden körperlich gesund und geistig rege sein. Als Experten im Gartenbau werden sie die Erde hegen und pflegen. ... Nie wieder wird es Krankheiten, Kummer, Kriege oder religiöse Verwirrungen geben."

In der Kirchengeschichte ist es die gute alte Zeit des Urchristentums, die sich viele zurückwünschen, obwohl sie sie nie erlebt, sondern immer nur von ihr geträumt haben. „Die waren alle Brüder und Schwestern und einer hat sich um den anderen gekümmert und der Glaube war bei allen echt. Das war wie eine große Familie." Allzuleicht vergißt sich, daß es in großen Familien auch Streit gibt und daß der Apostel Paulus dem Apostel Petrus kräftig die Meinung gesagt hat (nachzulesen im Galaterbrief, Kapitel 2, Vers 11) und daß es auch damals „falsche Brüder" gab (im gleichen Kapitel Vers 4) und daß das Neue Testament von ganz normalen, also auch ziemlich egoistischen, unfreundlichen, angeberischen, lauen und teilweise ganz schön ungläubigen Christen spricht.

Daß man das weniger schöne vergißt, ist eine ganz heilsame Gabe. Sie macht die Vergangenheit angenehmer – erschwert aber manchmal das Leben in der Gegenwart.

Daß früher die Menschen „mehr Glauben" hatten, stimmt einfach nicht. Nehmen wir nur ein Beispiel: Zur Zeit der sogenannten Aufklärung, noch vor der Französischen Revolution, gab es Pfarrer, die nahmen den Weihnachtsbibeltext vom Kind in der Krippe zum Anlaß, über den „Wert der Stallfütterung" zu predigen. Ochs und Esel im Stall von Bethlehem waren ihnen „lebensnäher" als das Kind in der Krippe. So etwas wäre heute undenkbar. Hier kann man wirklich sagen: Gott sei Dank!

Hundertprozentige Christen

Wenn wir die Sekten anschauen, dann finden wir häufig folgendes Bild von der Kirchengeschichte:

Am Anfang herrschte eitel Friede und Glauben unter den Christen. Man mußte mit seinem Leben für den Glauben einstehen und darum waren nur die „Hundertprozentigen" in den Gemeinden zu finden. Das war die Apostel- und Märtyrerzeit. Doch dann begann mit der Anerkennung der Kirche durch den Kaiser Konstantin das Mittelalter. Zuerst schlichen sich Karrieristen und Höflinge in die Kirche ein und bald unterlag die Kirche der staatlichen Gewalt. Anstelle des Evangeliums regierten die Staatsinteressen. Ja, bald wurden die wahren Gläubigen verfolgt und die Kirche wurde eine reine, außerbiblischen Interessen untergeordnete Machtorganisation.

Schließlich kamen Martin Luther und die anderen Reformatoren, um das „helle Licht des Urchristentums" wieder anzuzünden. Doch die Reformation, die etwas Gutes gewollt hatte, ging ihrerseits auch den Weg der Abhängigkeit von den Interessen der Machthaber, mit denen sie sich verbündete. Schließlich kam dann im Jahre xyz der Prophet N. N. und stellte das „wahre Licht wieder auf den Leuchter". Nun besteht wieder die Schar der wahren Gläubigen, die sich von keinen anderen Interessen leiten läßt, als allein denen des wahren Evangeliums (das außerhalb dieser Gruppe angeblich dann von keinem verkündet und befolgt wird).

Vieles an diesem Bild ist ja verständlich. Tatsächlich hat es in den Kirchen immer wieder Interessen gegeben, die sich mehr an äußeren Umständen als am Evangelium orientiert haben. Tatsächlich haben die Mächtigen allerorten und -zeiten in die Kirche hineinzuregieren versucht. Und auch Kaiser Konstantin wird dies versucht haben, wenn auch in bester Absicht. Richtig ist auch, daß es immer wieder Gruppen gegeben hat, die mit großem Ernst versucht haben, dem Evangelium gemäß zu leben und die dabei von den „offiziellen Christen" schwer beargwöhnt und manchmal auch behindert oder gar verfolgt wurden.

Sektierer in frühchristlicher Zeit: Viel Sünde bringt viel Vergebung

Nur: Nicht alle, die behindert oder verfolgt wurden, waren auch solche wahren Frommen und Bibelgläubigen. Unter den Sektierern schon der allerfrühesten Zeit finden sich allerhand wilde und halbkriminelle Gestalten. Schon im Neuen Testament wird ein gewisser Magier Simon erwähnt (Apostelgeschichte 8), der den Aposteln ihre Amtsvollmacht mit Geld abkaufen will und der später ein berühmt-berüchtigter Mann wurde. Und ein gewisser Karpokrates lehrte schon in der zweiten Generation, daß man viel sündigen müsse, um viel Vergebung zu erhalten. Sein Zulauf war nicht gering. Und in manchen absonderlichen Sekten gab es schwere Verbrechen, beispielsweise Abtreibungen mit anschließendem Verzehr des zerstückelten und mit Gewürzen vermischten Fetus. Auch solche Gruppen behaupteten schließlich, das richtige Verständnis der Botschaft Christi zu haben, und schon in den ersten Tagen der Geschichte des christlichen Glaubens hielten sich die Sektierer für die besseren Christen und ihren Glauben für den einzig richtigen.

Bei genauem Hinsehen merkt man deutlich: eine geschlossene Christenheit hat es nie gegeben. Immer waren da unzählige Richtungen und Gruppierungen. Immer mußte sich das richtige Verständnis erst durchringen. Und immer wieder zeigte sich erst nach schweren Kämpfen, welchen Weg Gott in der Geschichte mit seinem Volk des neuen Bundes gegangen ist.

Auch das Bild einer geschlossenen Urkirche ist ja eher eine nachträgliche Schilderung, als ein Abbild des wirklichen Geschehens. Auf dem „Apostelkonzil" (Apostelgeschichte 15) wird die Einheit erst hergestellt, sie ist nicht von vornherein vorhanden. Und immer wieder berichtet beispielsweise der Apostel Paulus von unterschiedlichen, sich gegenseitig auch befehdenden Gruppen (1. Korinther 1, Philipper 1,15 usw.), ja die Apostel Paulus und Petrus waren unterschiedlicher Meinung und der Apostel Paulus mußte dem Apostel Petrus die Leviten lesen (Galater 2,11 ff.).

Und so ist es in den folgenden Jahrhunderten und Jahrtausenden auch geblieben. Immer wieder gab es dann auch in der Gruppe der „Rechtgläubigen" Falschgläubige. Häufig war es der allzu träg und unbiblisch gewordene Lebensstil. Bischöfe, deren politische Aktivitäten die geistlichen weitaus überstiegen, Mißbräuche bei den Sakramenten und im Gottesdienst, theologische Besserwisserei und ehrlich gemeinte, aber zur Tyrannei werdende Frömmigkeit – das begleitet die Kirche auf ihrem Weg durch die Geschichte. Und Tatsächlich sind die Unterscheidungsmöglichkeiten – hier christliche Kirche, dort falscher Glaube oder falsches Leben – immer sehr gering.

Den Teufel mit Belzebub austreiben?

Wir alle kennen die furchtbaren Ketzerverbrennungen, wo man das Gute (Auslöschung der Irrlehre) durch das Böse (Tötung der Irrlehrer oder derer, die man dafür hält) erreichen will. Wer allerdings hier verächtlich auf das ,,finstere Mittelalter" herabschauen will, der zähle die Toten, die in unserem Jahrhundert als ,,Ketzer" der faschistischen oder marxistischen Ideologien ihr Leben unter oft noch grausameren Umständen lassen mußten.

Immer ist die Kirche wie in ihren ersten Tagen. Immer finden sich in der Christenheit ernsthafte Gläubige neben wohlmeinenden Phantasten, absurden Grüblern, frommen Charismatikern, Lauen und Extremisten. Finden sich verantwortungsvolle Führerpersönlichkeiten neben machtgierigen Karrieristen. Schließlich ist keiner so, wie er sein soll. Jesus Christus sagt einmal zu seinen Jüngern: ,,Und wenn ihr alles getan habt, was ihr zu tun schuldig wart, sprecht: Wir sind unnütze Knechte gewesen, wir haben getan, was wir zu tun schuldig waren." Schließlich ist er auch der Richter im Gericht; über alle – ,,die Lebenden und die Toten". Für uns ist der Platz in diesem Gericht nicht auf der Schöffenseite. Wir stehen alle hinter den Schranken. Das neue Paradies wird nicht von uns gebaut (wobei allerdings einige Sektierer anderer Meinung sind und man gerade an dieser Ansicht erkennt, daß sie außerhalb des Bodens stehen, den uns die Bibel gibt). Vor dem Satz ,,Siehe da, die Hütte Gottes bei den Menschen" steht in Offenbarung Kapitel 21 der Satz ,,der erste Himmel und die erste Erde vergingen".

Wir bauen das Goldene Zeitalter des Glaubens nicht, so wenig es ja ein solches gegeben hat.

Diese Nachricht hat jedoch eine gute Kehrseite: Die Christen anderer Tage, etwa der Apostelzeit, waren auch nicht bevorzugter dran als wir heute es sind. Und die Zeitgenossen Luthers konnten auch nicht christlicher sein als wir das können. Alle haben jederzeit die gleichen Chancen. Zum Schlechten wie zum Guten.

Fünf Minuten vor Zwölf

Ob die Welt untergeht oder nicht, das war lange Zeit eine Sektenfrage. Politische und militärische Entwicklungen unserer Tage haben viele das Gruseln gelehrt. Gibt die Bibel Hinweise auf ein „Weltende-Datum?

Propheten der Wiederkunft Christi

„Die kommende Weltkatastrophe! Ist ein neuer Krieg möglich? Ja – durchaus! Ja sogar ein Atomkrieg. Lieber Freund, lasse dich nicht von ‚unten' täuschen – ein gewaltiger Krieg wird demnächst über diese gottlose Erde kommen . . . und ‚Wehe, wehe denen, die auf Erden wohnen und nicht darauf vorbereitet sind!' (Off. 8,13)" Und das ohne Adresse verbreitete Druckblättchen weiß es noch dicker: „In der gesamten Menschheits- und Erdengeschichte gab es ‚noch nie' eine Zeit, daß Katastrophen – durch Menschenhand herbeigeführt – mit einer einzigen Wasserstoffbombe Millionenstädte zerstören oder mit wenigen Giftbomben in einigen Stunden die gesamte Schöpfung und Menschheit vernichten konnten. Ferner, daß, was die Offenbarung Johannes für die ‚Letzte Zeit' zeigt, nämlich eine Zeit ‚wie nie' voll der Trübsale sein werde und mit der ‚ENDZEIT' benannt wird; sie hat also begonnen. . . ."

Man wird es dem unbekannten Schreiber dieser Drohung nicht übel nehmen können. Anders als vor dem Ersten Weltkrieg beispielsweise können wir uns eine Weltzerstörung tatsächlich vorstellen.

Mit dem Ruf „Das Ende steht ganz nah vor der Tür", oft mit regelrechter Zeitangabe, ist ein großer Teil der bekannten und der kleineren christlichen Sekten in den letzten zwei Jahrhunderten aufgetreten. Sie verstanden sich als Warner in letzter Minute. Sie haben genügend Spott und Ablehnung geerntet. Oft ist ihr Trost, daß sie sich sagen: „Wenn nun das Ende mit seinen schrecklichen Ereignissen kommt, werden die Spötter es schon heimgezahlt kriegen. Ich habe meine Pflicht getan."

Mancher Haustürmissionar der Jehovas Zeugen wird sich für die bösen Worte und ärgerlichen Abweisungen („Danke, wir kaufen keinen neuen Glauben", „Gehn's lieber was anständiges arbeiten" usw.) mit einem kleinen bißchen solcher Schadenfreude trösten.

Weltuntergang am 30. Mai

Die spektakulärste und folgenschwerste Endzeitverkündigung der Neuzeit dürfte die für das Jahr 1844 gewesen sein. Zehntausende hatten sich in Nordamerika für den 21. März 1844 auf das Weltende und die Wiederkunft Christi eingestellt. Als der Tag ohne das erhoffte Ereignis vorüberging, ver-

GOTTES GERICHT AN DEN FALSCHEN PROPHETEN DER CHRISTENHEIT

WIR alle lieben Vorhersagen, in denen etwas Gutes angekündigt wird, was schon bald, noch zu unseren Lebzeiten, eintreffen soll. Dadurch sind wir aber der großen Versuchung ausgesetzt, eine Vorhersage als wahr anzunehmen, nur weil sie uns zusagt, nicht weil sie aus einer maßgeblichen Quelle stammt oder weil ein stichhaltiger Grund dafür vorliegt. Das könnte uns zu einer Handlungsweise verlei-

---

1, 2. (a) Welcher Versuchung sind wir durch eine Prophezeiung ausgesetzt, in der ohne einen stichhaltigen Grund Gutes vorhergesagt wird? (b) Was ist die dringendste Frage, die heute der Klärung bedarf, und weshalb drängt sie sich auf?

DER WACHTTURM — 1. FEBRUAR 1980 23

So sieht es „Der Wachtturm“

tröstete man sich auf ein halbes Jahr später, weil's in der Bibel ja heißt: „Und der Bräutigam verzog bis Mitternacht". Noch am 3. Oktober hieß es in einer Zeitung: „Wir sind nur noch wenige Tage von diesem Ereignis entfernt. O schrecklicher Augenblick für diejenigen, die unvorbereitet sind – aber ein herrlicher für die, die bereitet sind."

Ein Berichterstatter beschreibt den letzten Tag: „Sie hatten sich beraten und gebetet mit ihren Verwandten, sie hatten Abschied genommen von denjenigen, die Gott noch nicht ihr Herz gegeben hatten. Sie hatten sich von allem Irdischen verabschiedet mit einer Feierlichkeit, die nur derjenige empfindet, der im Begriff steht, dem Richter des Weltalls gegenüberzutreten. So vorbereitet versammelten sie sich in beinahe atemloser Stille in ihren Gebetshäusern voll Erwartung, jeden Augenblick die Stimme des Erzengels und Posaune Gottes zu hören und den Himmel erleuchtet zu sehen von der Herrlichkeit ihres kommenden Königs."

Es wurde ein schrecklicher Tag für die, die gewartet und sich auf das Kommen Christi vorbereitet hatten.

Eine vergleichbare Szene ist wohl wirklich kaum zu finden. Vielleicht warten Kinder so auf ihre Mutter, die lange fort gewesen war. Und dann der Schmerz, daß das Warten vergeblich gewesen war. „Langsam verstrichen die Stunden und als endlich die Sonne am westlichen Horizont sank, da war der zehnte Tag des siebenten Monats (dieses Wartens) zu Ende. Die Schatten der Nacht breiteten sich wie ein Leichentuch über die Welt und mit ihnen drang ein Schmerz in die Herzen der Adventgläubigen."

Advent heißt Ankunft, Ankunft Jesu Christi. Damals entstanden dann die Siebenten-Tags-Adventisten. Ihre Propheten hatten behauptet, an diesem Tage sei das Warten doch nicht vergeblich gewesen. Allerdings sei Christus „im Himmel in sein Heiligtum" eingetreten.

Mit dem Reinfall des Jahres 1844 haben jedoch die Vorhersagen für die Endzeit nicht aufgehört. So erklärte der Gründer der Zeugen Jehovas, ein gewisser Charles Taze Russell (1852–1916), das Jahr 1844 zur Fehlberechnung und errechnete seinerseits neue Daten. Russell behauptete zuerst, 1874 sei Christus „unsichtbar" wiedergekommen. Für die sichtbare Wiederkunft nannte er sowohl 1914, als auch 1918, 1921, 1925 und 1970. Sein Nachfolger, der 1917 das Regiment in der „Wachtturm-Bibel- und

Stammapostel Bischoff (Neuapostolische Kirche). Zu seinen Lebzeiten sollte Jesus wiederkommen. Bischoff starb 1960. Gott, so hieß es, habe seinen Entschluß halt geändert.

Traktatgesellschaft" (wie die Buchherstellungs- und Vertriebsfirma richtig heißt) übernahm, verkündete für 1925 die Wiederkunft Abrahams, Isaaks und Jakobs. Aus extra gesammelten Spenden baute man für sie sogar ein prächtiges Haus, das der Jehovas-Zeugen-Führung heute noch dient.

Für 1975 wurde wieder das „Ende der 6000 Jahre" angekündigt. Nächste Termine werden vielleicht 1995 oder 2005 oder sonst ein Jahr sein.

In der Tat dürfte kaum ein Jahr der Menschheitsgeschichte vergangen sein, für das nicht irgendein Prophet oder Sektierer irgendwo das Jahr des Endes ausgerufen hätte. Runde Jahreszahlen, wie das Jahr 1000, das Jahr 1500 oder die Wende zum dritten Jahrtausend lassen die Zahl der Endzeitvorhersagen erheblich anschwellen.

Neue Heilsbringer der Endzeit

Manchmal wird auch das Ende in der Weise festgelegt, daß irgendeiner behauptet „Ich bin der wiedergekommene Christus", wie derzeit der 1920 geborene Ginseng-Tee-Industrielle, Waffenfabrikant und Jugendreligionsgründer San Myung Mun aus Nord-Korea, der dann 1960 auch mit seiner derzeitigen (vierten) Frau die „Hochzeit des Lammes" gefeiert haben will. David Berg, der Gründer der Jugendreligion „Kinder Gottes / Familie der Liebe", hat unter dem Pseudonym „Vater David" einen „Comix"-Rundbrief mit dem Titel „Die Endzeit!" zeichnen und verbreiten lassen. Er verspricht seinen Anhängerinnen und Jüngern sogar, daß sie in den bald kommenden Endzeittagen unter Wasser atmen können. Schließlich aber werde Gott die Erde schwer strafen.

„Dann wird Gott wegen ihrer Verwerfung von uns und unserer Botschaft seine eigenen Gerichte auf diese höhnische und spöttische und Christus hassende Generation häufen. Die Sanftmütigen, die Armen und die Verfolgten werden die Erde besitzen. . . . Er wird der Welt dann zeigen, wie man sie hätte führen sollen und wie sie es hätten tun sollen, aber es ohne ihn und seine Liebe nicht konnten, weil sie seinem selbstlosen und einzigen Gesetz der Liebe nicht gehorchten." David Berg hatte seinen Anhängern, die er als die „Armen, Sanftmütigen und Verfolgten" betrachtet, das „Gesetz der Liebe" in der Form beigebracht, daß die jungen Mädchen ihren Körper als „Haken" bei der als „Sexualmission" bezeichneten „Flirty-Fishing"-Methode einsetzen sollten. In der Bibel steht übrigens nichts davon, daß eine Gruppe nach dem Jüngsten Gericht die Erde „besitzen" soll und daß deren Führungsstil tonangebend sein sollte.

Wie die Jahre auch genannt, die Umstände beschrieben werden – alle diese Endzeitspekulationen mit Nahziel-Jahresangabe kranken an ihrer Bibelferne.

Als die Jünger vor der Himmelfahrt gerne wissen wollen, wann Christus das Reich errichten wird, weist er sie klar und deutlich zurück: „Es gebührt euch nicht, zu wissen Zeit oder Stunde, welche der Vater in seiner Macht bestimmt hat." Und er weist sie umgehend, in einem Atemzug sozusagen, an die Tagesarbeit. Der nächste Satz lautet: „Ihr werdet die Kraft des Heiligen Geistes empfangen . . . und werdet meine Zeugen sein zu Jerusalem und in ganz Judäa und Samarien und bis an das Ende der Erde." Und dieses

„Ende der Erde" ist zeitlich so unbestimmbar wie räumlich. Nachzulesen ist das alles im 1. Kapitel der Apostelgeschichte.
Dem halten die Endzeit-Sektierer nun gerne entgegen, daß Jesus ja viel von den „Zeichen des Endes" gesprochen habe. Wenn wir das 24. Kapitel des Matthäus-Evangeliums lesen, begegnen sie uns auf Schritt und Tritt: Der Greul der Verwüstung an der heiligen Stätte, mancher falsche Christus und falsche Propheten werden aufstehen, eine große Trübsal wird sein; zuvor sind noch Kriege und Kriegsgeschrei genannt, teure Zeit und Erdbeben, Verfolgungen gegen die Christen und falsche Propheten.

Wer rechnet, irrt

Und doch findet sich gerade in diesem Kapitel der Bibel die Warnung: „Von dem Tag und der Stunde weiß niemand, auch die Engel nicht im Himmel, auch nicht der Sohn, sondern allein der Vater" (Vers 36). Gerade der Hinweis, daß der Sohn – der doch die ganzen Zeichen eben genannt hat – die Stunde nicht weiß, sollte uns vorsichtig mit dem Berechnen machen.
Was nun, wenn der Jehovas Zeuge oder sonst ein Haustürmissionar kommt und sagt: „Sie sehen doch in unserer Zeit deutlich die Zeichen der Endzeit! Also sind es noch so und soviel Jahre bis . . ."?

Ewiges Leben auf paradiesischer Erde (Jehovas Zeugen)

Ganz einfach: Mit dem Ende ist es nicht so, wie jemand, der auf einen Abgrund zugeht. Wir gehen seit der Himmelfahrt Christi alle an diesem Abgrund entlang. Alle Zeit trägt seitdem – jede auf ihre Weise – die ,,Zeichen der Endzeit". Wann Gott die Stunde kommen läßt, weiß niemand. Heute, morgen oder in zehntausend Jahren. Ganz wie er will und für richtig befindet.

Die Ein-, Zwei-, Fünf- oder Zehn-Jahresfrist, die uns Sektenprediger erklären wollen, ist nicht falscher und richtiger als das ,,heute, morgen oder in zehntausend Jahren". Nur die Methoden der Errechnung sind sicherlich falsch und unbiblisch.

Noch eines kann der Bibel nicht standhalten: Die ,,Uns wird dann die Erde gehören" Erzählungen.

,,Ja und dann wird alles eine Gartenlandschaft sein und wir werden in schönen Häusern wohnen und nützlichen Beschäftigungen nachgehen", erklärt die Jehovas Zeugin an der Haustür. Christus und eine besondere Schar seiner Getreuen würden dann ,,im Himmel in der goldenen Stadt" regieren.

Wieviel spannender und gewaltiger wirkt doch die Klartext-Rede der Johannes-Offenbarung: ,,Und ich sah einen neuen Himmel und eine neue Erde; denn der erste Himmel und die erste Erde vergingen, und das Meer ist nicht mehr. Und ich sah die heilige Stadt, das neue Jerusalem, von Gott aus dem Himmel herabfahren, bereitet wie eine geschmückte Braut ihrem Mann. Und ich hörte eine große Stimme von dem Thron, die sprach: Siehe da, die Hütte Gottes bei den Menschen! Und er wird bei ihnen wohnen, und sie werden sein Volk sein, und er selbst, Gott, wird mit ihnen sein; und Gott wird abwischen alle Tränen von ihren Augen, und der Tod wird nicht mehr sein, noch Leid noch Geschrei noch Schmerz wird mehr sein; denn das Erste ist vergangen. Und der auf dem Thron saß, sprach: Siehe, ich mache alles neu!" (Kapitel 21, Offenbarung Johannes).

Das Ende ist immer ganz nah. Hautnah neben uns. Und ganz fern, Jahrmillionen fern. Wie Gott es will, der es allein in der Hand hat – und nicht der Sektenprediger vor unserer Tür.

Gott ist der Herr. Ihn binden keine Mehrheitswahlentscheide. Begründet die Bibel eine Theokratie – eine Art Gottesdiktatur? Wer vertritt dann Gott auf der Erde? Jesus errichtet kein Machtsystem.

Vollmacht aus himmlischen Händen

Theokratie: Gott herrscht ohne Parlament

Norbert und Jochen hatten Theologie studiert. ,,Richtig und nicht so wissenschaftlich", wie es einer von beiden formuliert. Norbert und Jochen haben dann mitten im ersten Examen aussteigen müssen. Ihnen hat es nichts gemacht, sie hatten sich inzwischen eine kleine Glaubensgemeinschaft aufgezogen. Mit eigenen Gottesdiensten, eigener Zeitung, Bundesbahn-Jahresnetzkarte für Norbert und Jochen und vor allem mit dem allein wahren Verständnis der Bibel.

Demokratie als Diktatur des Teufels

Irgendwann muß sie mal jemand gefragt haben, warum sie ihrem ,,Glaubenshaus" zwar einen Namen, jedoch keine rechtliche Sicherheit geben. Einen Verein beispielsweise. Doch da gab Norbert knallhart seine Meinung in seinem ,,Christlichen Monatsblatt" zu erkennen: ,,Warum kann Gemeinde Jesu kein eingetragener Verein (e. V.) sein? Weil der e. V. demokratisch aufgebaut ist. Die Demokratie, zu deutsch: Herrschaft der Volksmasse, ist eine satanische Staatsform. Wohin es führt, wenn die gottlose Masse regiert, sieht man heute in diesem gottlosen Staat. Man wird terrorisiert von Scham- und Zuchtlosigkeit. Die Demokratie ist letzten Endes eine Diktatur Satans, sie ist immer die letzte Staatsform vor dem Untergang." (Hier hat Norbert sicher recht wenig geschichtliche Kenntnis. Weder über das alte Rom, noch über das Dritte Reich.) ,,Die meisten Gemeinschaften – und Kirchen sowieso – haben heute dieses satanische Mehrheitsprinzip der Demokratie abgenommen, indem sie einen e. V. oder gar eine K. d. ö. R. (Körperschaft des öffentlichen Rechts) bildeten. Was es da alles gibt, ist wirklich kurios. . . . Die Satzungen eines e. V. schreiben vor, daß alle Gemeindebeschlüsse auf demokratischem Weg durch Abstimmung getroffen werden müssen, wobei die Mehrheit sich durchsetzt. Gott aber spricht nie durch eine Mehrheit, sondern nur durch einzelne, durch Propheten." Norbert ist überzeugt, ein solcher Prophet zu sein. Vielleicht hat Norbert zu sehr auf sich und zu wenig

Die Organisationsform der Kirche Jesu Christi der Heiligen der letzten Tage (Mormonen)

Organisation

Die direkte Linie der Heimlehrorganisation läuft wie folgt:

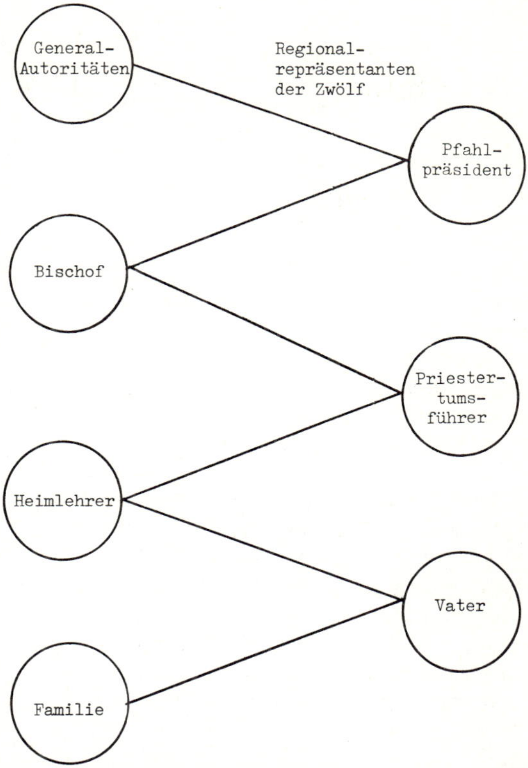

Dem Pfahlpräsidenten stehen seine beiden Ratgeber, der Pfahl-Führungssekretär, das Pfahl-PFK sowie der Pfahlrat zur Seite. Dementsprechend hat der Bischof die Unterstützung seiner Ratgeber sowie des Gemeinde-Führungssekretärs, des Gemeinde-PFK und des Gemeinderates.

auf die Bibel gehört. Dort wäre beispielsweise im 15. Kapitel der Apostelgeschichte so ein Gemeindemehrheitsbeschluß genannt. Die prophetische Gewalt des einzelnen ist davon sicher nicht berührt worden.
Noch eines hat Norbert nicht bedacht: Trotz äußerer Vereinsstruktur funktioniert in den Sekten eine theokratische Diktatur immer recht gut.

Die neuapostolische Hierarchie

Da ist zum Beispiel der neuapostolische Stammapostel. Er ist der absolute und unumschränkte Herr jener Gemeinschaft, die in Deutschland als Körperschaft des öffentlichen Rechts besteht, ohne daß je ein Stammapostel durch Mehrheitsbeschluß irgendwie

behindert worden wäre. Denn er hat nach dem neuapostolischen Katechismus (Frage 227) die Aufgabe, ,,die von Jesus befohlene, gewünschte und erbetene Einheit innerhalb der Apostelschar zu schaffen und zu erhalten. . . .''
Er ist (Frage 226) ,,das sichtbare Haupt der Kirche in allen Angelegenheiten oberste Instanz'' und wird ,,von allen Mitgliedern der Neuapostolischen Kirche als Repräsentant des Herrn auf der Erde angesehen''. Ihm untersteht bedingungslos die Hierarchie von Stammapostelhelfer, Bezirksapostel, Apostel, Bischof, Bezirksältester, Bezirksevangelist, Gemeindeältester, Hirte, Gemeindeevangelist, Priester, Diakon und Unterdiakon.
Fast wie es bei den ,,Kindern Gottes / Familie der Liebe'' der ,,Prophet und König'' David Berg als absoluter Platzhalter Christi zum ,,König'' brachte, als er einer Ämterfolge von Premier-Minister, Minister, Erzbischof, Bischof, Distrikts-Hirte, Regional-Hirte und Kolonie-Hirte voranstand, bis er diese im Februar 1978 angeblich zugunsten der ,,armen Schafe an der Basis'' in eine ,,direkte Diktatur'' (wörtlich auch so benannt!) umfunktionierte. Jetzt gibt es unter ihm nur noch einen Landes- und einen Gruppen-Führer. Die Diktatur ist in der Tat um vieles direkter geworden.
Bei den Jehovas Zeugen war es in den dreißiger Jahren zu einer Entwicklung gekommen, bei der ,,die Versammlungsleitung vollständig auf die theokratische Verfahrensweise umgestellt'' wurde, ,,indem sämtliche Diener direkt von der Gesellschaft ernannt werden''.

Ein Mormonisches Zwölf-Apostel-Kollegium

Diese aber versteht sich als der „Kanal Jehovas", als Leitungsgremium des „treuen und verständigen Sklaven", jener angeblich allein für das himmlische Reich bestimmten Oberklasse der Jehovas Zeugen, auch als „gesalbter Überrest" bezeichnet, bzw. als die sogenannte „Königreichsklasse der 144 000".

Apostel in Amerika – oder: „Gottes neue Dispensation"

Aus himmlischen Händen wollen auch die Mormonen ihre Vollmacht ableiten. „Wir behaupten, daß die Vollmacht, im Namen Gottes zu amtieren, heute in der Kirche Jesu Christi der Heiligen der Letzten Tage vorhanden ist, und daß diese Vollmacht oder dieser Auftrag den ersten Beamten der Kirche übertragen wurde", so lernt jeder junge Mormone aus dem Buch „Die Glaubensartikel" des Mormonenlehrers Talmage (S. 189).
Und das sei seinerzeit im Jahre 1829 so gekommen: Joseph Smith, 24 Jahre alt und seit einigen Jahren Schatzsucher und religiöser Wundererzähler, habe mit seinem Freund Oliver am 15. Mai am Ufer des in der Nähe seines Wohnortes fließenden Susquehanna-Flusses von „Johannes dem Täufer" das sogenannte niedere „Aaronische Priestertum" übertragen bekommen. Kurz darauf habe es eine ähnliche Szene gegeben, beteiligt waren wiederum Joseph und Oliver, von himmlischer Seite diesmal jedoch „Petrus, Jakobus und Johannes", die nun den beiden das höhere „melchizedekische Priestertum" übertragen hätten. Auch diesmal war der Tatort das genannte Flußufer.

Diese Statue soll zeigen, wie am 15. Mai 1829 Johannes der Täufer das Aaronische Priestertum auf Joseph Smith und Oliver Cowdery übertragen habe.

Ausgerüstet mit der „Vollmacht", taufen Joseph Smith und Oliver Cowdery einander im Susquehanna in Pennsylvanien.

Bald ließ sich Mormonengründer Joseph als „ein Seher, Offenbarer, Übersetzer und Prophet ... im Besitze aller Gaben Gottes, die er dem Haupt der Kirche verleiht", und als Kirchenoberhaupt verehren. Er trat, erfolglos, auch als Präsidentschaftskandidat der USA auf. Von diesem wundersamen Geschehen am Susquehanna-Fluß leitet die heutige Mormonenkirche die Vollmacht ihrer Ämter ab. Von dieser Zeit her kennt sie eine ungebrochene „vollmächtige Ämternachfolge". Wehe dem, der da nicht glaubt. Joseph Smith hatte für ihn bald eine – heute noch in „Lehre und Bündnisse" Kapitel 1 nachzulesende – Drohbotschaft parat: „Der Zorn des Herrn ist entzündet, und sein Schwert ist schon gezückt im Himmel und wird auf die Bewohner der Erde fallen. Ja, des Herrn Arm soll offenbar werden! Und der Tag wird kommen, wo die, die nicht der Stimme des Herrn noch der seiner Diener gehorchen, noch auf diese Worte der Propheten und Apostel achtgeben wollen, von dem Volke abgeschnitten werden sollen."

Etwa 150 Jahre später wird ein gewisser Harald St., Gründer des „Lichtkreises Christi", seinen verängstigten Gläubigen vorhalten, wer diese Klein-Sekte angreife, der greife Christus selbst an, „und muß alle Folgerungen daraus als sich selbst zugezogen ansehen".

Unzählige Male dürften Menschen mit solcher angeblich aus himmlischen Händen erhaltenen „Vollmacht" bedroht, verängstigt und auch finanziell ausgebeutet worden sein, wie das beispielsweise bei dem „Lichtkreis"-Guru ebenso der Fall gewesen ist, wie in den Joseph-Smith-Offenbarungen Besitz der ersten Anhänger des Mormonen-Gründers von diesem „für die Kirche" beansprucht wird. Nicht selten wird als „urchristliches Charisma" oder „Gabe vom heiligen Geist" ausgegeben, was nichts als frommer oder auch unfrommer Wunsch des eigenen Unterbewußtseins ist: Ein Prophet Gottes zu sein, wie unser Antidemokrat Norbert H. Oder der Koreaner San Myung Mun (geboren 1920), der sich als von Gott bestätigten „unumschränkten Herrscher der sichtbaren und der unsichtbaren Welt" fühlt, als „Herrn der Wiederkunft", „Messias" und „wahren Vater" der Menschheit. Er will gar, daß seine Anhänger ihr Leben für ihn zu lassen bereit sind. So wie sich im Jahre 1978 einige Jüngerinnen und Jünger des „Baba"-(Vaters) Anandamurti verbrannt haben, um ihren als Inkarnation Brahmans verehrten Gott-Führer aus dem Gefängnis freizubekommen. Einer der Baba-Jünger bat, seinen Körper „auf dem Schlachtfeld gegen die Unmoral ablegen" zu dürfen. „Ich weiß, ich werde dann für ewig in deinem Schoß sein."

Falsche Vollmacht

Wenn man eins mit biblischer Sicherheit sagen kann: Diese angeblichen Vollmachtsträger sind bestenfalls ihrerseits Verführte, schlimmerenfalls Lügner und schlimmstenfalls – wie letztgenannt – lebenfressende Götzen.

Ganz sicher kennen die Bibel und die erste Christenheit besondere Ämter. Beispielsweise das des Apostels. Aber dieses Amt, in Sekten oft nachgeahmt, ist einmalig. Von Christus selbst eingesetzte Auferstehungszeugen bilden den „Grund der Kirche". Doch man legt in einem Hause nicht zweimal den Grund. Von Bischöfen, Presbytern,

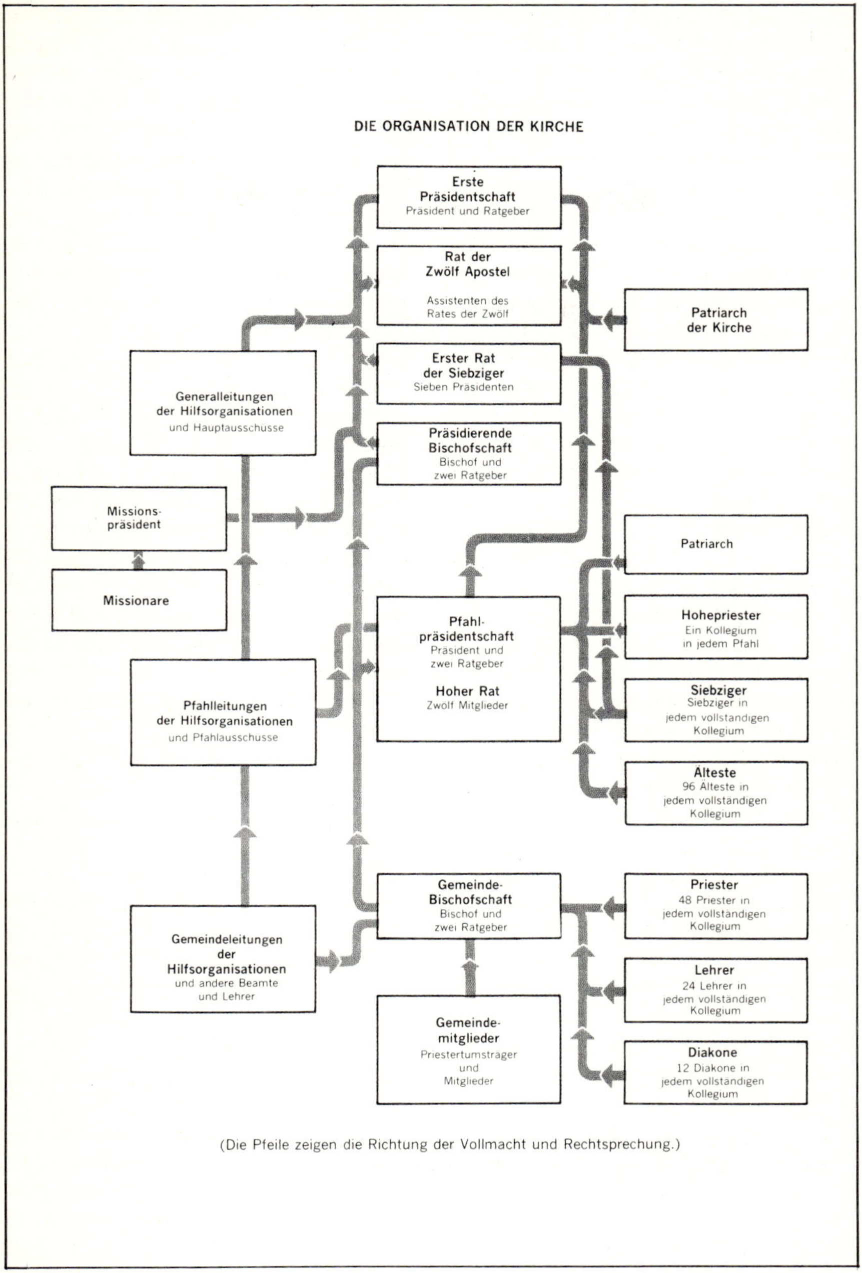

Die Organisation der Mormonen – nach einer mormonischen Quelle

Hirten und Evangelisten ist die Rede, die Namen haben sich vielleicht teilweise gewandelt. Der Dienst ist geblieben. Es ist immer der Dienst am Evangelium Christi. Selbst wenn „ein Engel vom Himmel" käme und ein anderes Evangelium predigen würde, er wäre verflucht. Das gilt für „Propheten, Seher, Offenbarer, Lichtkreis-Gründer, angebliche Herren der Wiederkunft, Babas und sogenannte Kanäle Jehovas" usw. usw. Und der Apostel Paulus mahnt nicht nur die Christen in Kolossae: „Laßt euch niemand das Ziel verrücken . . . der sich mit seinen Gesichten rühmt und ist ohne Ursache aufgeblasen in seinem geistlichen Sinn und hält sich nicht an das Haupt . . .", an Jesus Christus.

Jesus Christus allein

Ein Kennzeichen der falschen Autoritäten ist es, daß sie gerne und billig drohen. Denen vor allem, die anderer Ansicht sind als sie selber. So droht „Prophet" Norbert beispielsweise allen, die einen Fernsehapparat besitzen: „Wer keinen Grimm gegen das Fernsehen hat, kann nicht von Gott sein. Das ist ein zuverlässiger Test, liebes Gotteskind. Wende ihn mal an auf all die Prediger, die du kennst." Norbert wird allein als Bestandener übrigbleiben. Wer sich nicht von Norbert und seinen Mitbrüdern erlösen lasse, der stehe „unter Hypnose unseliger, böser Geister". Wer der „Vollmacht aus himmlischen Händen" nicht folgt, der ist verdammt. So einfach ist die falsche Gleichung. Sie geht auf bei Jehovas Zeugen, bei „Messias" Mun, bei Norbert, Joseph Smith und Nachfolgern, wie bei Harald St.s Lichtkreis. Nur im Namen Jesu Christi darf diese Schwindelrechnung nicht aufgemacht werden. Denn nicht die Botschaft irgendwelcher Möchtegern- und Glaubemir-Autoritäten bringt das Gericht, sondern allein das Wort Jesu Christi. Doch dieses Gericht ist hilfreiche Zuwendung, nicht Terror. Jesu erstes Wort ist das Angebot der Vergebung, seine erste Handlung der Tod am Kreuz für den Sünder – nicht gegen ihn.
Darum ist auch wahre christliche Autorität im „Amt der Versöhnung" und nicht bei der Droh- und Inkasso-Theokratie.

Wachtturm

Symbol der Christian Science

Erkauftes Heil

Ohne Einsatz kein Gewinn des Himmelreichs?

Fromm sein, hieß Gutes tun. Die Sekten schauen auf die lauen Kirchen herab. Sie werfen den Kirchen Scheinchristentum vor, Massenbetrieb ohne Einsatz und Tatkraft. Wer erreicht das Himmelreich, von dem Jesus spricht?

„Ich weiß wenigstens, was ich für Gott getan habe. Du mit deinen Pfaffenlügen, du betrügst doch Gott und dich selbst", schreit Sabine F. ihren wütenden Ehemann an, der „es endlich und ganz satt" hat, daß seine Frau „immer mit dem Wachtturm und den ganzen Sch . . . sektenschriften von Tür zu Tür zigeunert" und ihn „zum Gespött der Kollegen" macht. Ehemann Karl F., der seine Frau Sabine liebt und „grade deswegen" so aus der Haut fährt, gibt schließlich klein bei und sagt versöhnlich: „Na ja, ich kann damit ja nichts anfangen. Ich weiß ja, du mußt dich für deine Religion so einsetzen." Sabine ärgert sich zwar: „Wir sind keine Religion. Deine Mutter, die jeden Morgen in die Frühmesse rennt und den Rosenkranz runterbetet, das ist Religion", fügt sich aber dann doch in den häuslichen Frieden, denn nach der Lehre von Jehovas Zeugen ist der Mann das Haupt der Frau, und sie ihm – soweit das eben geht – gehorsam. Nur beim Glauben, da geht das eben nicht.

Bei Regen und bei Sonnenschein – Wachtturmdienst

Wenn Sabine F. und ihre zwei Millionen Glaubensgeschwister in der Welt mit dem Wachtturm von Tür zu Tür gehen, an der Ecke wortlos mit hochgehaltenen Jehovas-Zeugen-Schriften stehen und mehrere Male in der Woche den örtlichen Königreichssaal aufsuchen, dann tun sie das „für Jehova Gott". Und sie führen richtig Buch darüber. Einmal monatlich wird der Arbeitsbericht bei der Versammlung abgegeben. Und alle warten sie auf die Statistik am Anfang eines neuen Jahres „wie es denn im letzten Jahre gelaufen ist". Sie freuen sich, wenn die weltweite Jehovas-Zeugen-Statistik noch mehr Dienststunden und mehr Verkündiger meldet als im Jahr zuvor. Und sie trauern und geloben noch ernsthafteren Einsatz, wenn die Zahlen leicht gesunken sind.

An ihren Zahlen können sie's erkennen: Wie stehen wir bei Jehova Gott zu Buche?

In der Dienstbroschüre „Organisation zum Predigen des Königreiches und Jüngermachen" heißt es: „Die Aufzeichnungen über die Monat für Monat und Jahr für Jahr verrichtete Tätigkeit ermöglichen es uns allen, den allgemeinen Fortschritt im Werk des Predigens und Jüngermachens zu sehen. Es ermuntert uns, wenn wir durch solche Berichte von Zunahmen erfahren."

Der letzte Satz dieser Schrift nennt den Grund aller dieser Anstrengungen: „Nachdem wir uns . . . ganzherzig in diesem Werk Mühe gegeben haben, werden wir mit der Gelegenheit gesegnet werden, Jehova ewig in seiner gerechten neuen Ordnung zu dienen." Das mühsam erarbeitete und unter großem Einsatz von Zeit und Kraft er-

kaufte Heil ist der Lohn aller Anstrengungen.
In vielen Sekten finden wir eine große Ernsthaftigkeit und entschiedenen Einsatzwillen. Man will Gott dienen und scheut nicht Kraft, Geld und Zeit.
Und nicht selten werden die Sekten mit ihrem Eifer den ,,Großkirchen" mit ihren ,,lauen und trägen Namenschristen" vorgehalten. Auch von denen, die selber nicht gerade durch Eifer und Einsatz für ihren Glauben glänzen.

Sündenkatolog mit Fernsehen, Sex und Rauchen. Schiller und Goethe als ,,Schmutz- und Schundliteratur"

Da sieht der Ernst des jungen Sektenpredigers Norbert H. doch ganz anders aus, der sein gesamtes Leben in den Dienst der Predigt stellt und der – versehen mit einer Bundesbahn-Jahresnetzkarte – Tag für Tag von Stadt zu Stadt unterwegs ist, den lauen Christen ihre Lauheit vorzuhalten: ,,In der Sünde lebst du Tag für Tag mit Wonne: Fernsehen, Rauchen, dummes Gerede, ehebrecherische Blicke, zorniges Wesen usw. Und dann willst du obendrein noch als anständiger Christ angesprochen werden? Das Schwein fühlt sich wohl in seinem Schmutz. Da sitzt es den ganzen Tag drinnen und grunzt noch dumm dazu. Das ist eben sein Milieu. Was ist dein Milieu?" Wer mit Jesus leben wolle, so fordert es Norbert H., der müsse Fernsehen und Rauchen ebenso meiden wie die Freude an der Sexualität und den Mord. Naschwerk und Genußwaren müßten gemieden werden, Dauerwellen und Make-up. ,,Reinige erst mal deine Wohnung von allem Dreck: Schmutzillustrierte, Schundromane, klassische und primitive Musik, klassische Schmutz- und Schundliteratur wie Schiller und Goethe", fordert sein Freund Joachim K. die Leser der von

NAME: ....

PREDIGTDIENST-BERICHT FÜR: ....
(Monat)

Datum	Bücher	Broschüren	Predigtdienststunden	Neue Abos	Einzelzeitschriften	Rückbesuche	Anzahl der *verschiedenen* Bibelstudien, die während des Monats durchgeführt wurden →
Gesamtzahl							

S-4-X 6/72 Printed in Germany

Jehovas-Zeugen-Formular für die monatliche Dienstabrechnung

den beiden herausgegebenen Sekten-Postille ,,Glaubens-Nachrichten" auf. Norbert H. zetert: ,,Wenn du dich noch hingezogen fühlst zu deinen unerlösten Eltern, Geschwistern und Verwandten . . . hast du einen offenen Kanal zum Totenreich." ,,Warum sagen wir das alles? Wenn wir unsere Stimme nicht mehr erheben gegen alle die dämonischen Einbrüche, wenn wir ihnen nicht Einheit gebieten, treiben die am Ende was sie wollen, ja sie werden immer frecher in ihrer Weltlichkeit", meint jedenfalls Norbert H.

Mit der Ernsthaftigkeit geht nicht selten auch ein Stück Stolz auf die eigene Gerechtigkeit einher. Ernsthafte Fromme, die sich ihrer Frömmigkeit wegen besser fühlten als die Sünder der Restwelt, das waren die im Neuen Testament mehrfach genannten Pharisäer. Sie waren keine böswilligen Leute. Nur eben sehr genau und pingelig in ihrer frommen Pflichterfüllung. Jesus Christus hat sie nicht als positives Beispiel gebraucht. Warum?

Die Antwort ist so kurz wie einfach: Weil der Mensch nicht durch frommes Tun das Himmelreich erkaufen kann. Das hatten aber die Mitglieder der Glaubenspartei der Pharisäer nicht gewußt. Im Gegenteil. Sie waren überzeugt, daß das Himmelreich an dem Tage aufbrechen würde, an dem alle Menschen im Volk Israel alle Gesetze genau einhalten würden. Damit man das auch haargenau tun könne, hatten sie die Gebote genau ausgelegt durch Untergebote und Unter-unter-Gebote. Und ihnen hält der Gottessohn entgegen, daß solch eine Art und Weise zum Terror würde. Jesus Christus wirft ihnen vor, daß sie das Himmelreich zuschließen. ,,Ihr geht nicht hinein, und die hinein wollen, laßt ihr nicht hineingehen!" (Matthäus 23, Vers 13). Denn das Himmelreich kann man – im Gegensatz zur Meinung der Sekten – nicht erarbeiten oder verdienen. Es ist ein Geschenk Gottes.

Doch das ist keine Aufforderung zum Nichtstun. Glaube ohne Werke ist tot, sagt die Bibel. Aber diese Werke sind der Dank, den wir bringen dürfen, nicht die Leistung, mit der wir Gott zur Auszahlung des Lohnes einer Eintrittskarte ins Himmelreich erzwingen.

Doch da ist man in Sektenkreisen anderer Meinung. Rechtfertigung allein aus der Gnade Gottes heraus, weil er uns beschenken will, das wird bei den Mormonen eine ,,höchst verderbliche Irrlehre" genannt, die einen ,,schlechten Einfluß ausübt" und ,,zu verderblicher Ausschweifung führt" und schließlich ,,dem angeborenen Gefühl der Gerechtigkeit" widerspräche. Man könne sich doch nichts schenken lassen. Dieser Grundsatz gutbürgerlicher Erziehung wird dann auch auf den Glauben angewendet. Gott gibt erst, wenn wir mit guten Werken antreten können. ,,Aber dann muß er auch, denn er ist ja schließlich gerecht", meint ein Straßenprediger. Gerechtigkeit nach dem Gefühl des Ausgleiches – eine solche Einstellung kennt die Bibel allerdings nicht. Denn von Rechts wegen wären die guten Werke vom Menschen sowieso gefordert. Verdienen könnte er damit so wenig, wie sich jemand eine Belohnung für zehn Jahre diebstahlfreies Leben auszahlen lassen könnte.

Doch Mormonen, die die Gebote ihrer Kirche erfüllt haben, können sich nach mormonischer Anschauung im Stand der Gerechtigkeit sehen. Zehntenzahlung, Verzicht auf Alkohol, Kaffee und treuer Besuch der Gottesdienste machen ,,vor Gott angenehm und gerecht".

Erlösung durch Gesetzestreue?

Auf die Frage „Welche Art Glaube ist für das Heil erforderlich?" antwortet der amerikanische Sektenführer Herbert W. Armstrong (Gründer der Worldwide Church of God): Der Glaube, der das Gesetz einhält, der Gottes Forderung erfüllt. Das Gesetz sei „die vollkommene Lebensweise. Jedes geringste Leiden und Unglück sowie jeder Jammer und Tod rührt nur von dessen Übertretung her. Das Gesetz wurde gegeben, um die Menschen glücklich zu machen, und es ist der einzige Lebensgrundsatz, der das zuwege bringen kann", meint Herbert W. Armstrong. Da aber ist der Apostel Paulus anderer Ansicht. Er sagt: Mit Gott kann der Mensch nicht durch Befolgung der Gesetzes-Vorschriften ins reine kommen. Durch das Gesetz merkt er höchstens, daß sein Verhältnis zu Gott nicht in Ordnung ist. Nun zeigt uns die Bibel des Alten Testaments letzten Endes einen ganz anderen Weg: Es ist die Gerechtigkeit, die alle durch den Glauben an Jesus, den Christus Gottes, erhalten. Da ist kein Unterschied: Alle Menschen sind Sünder und niemand hat den guten Ruf, den er eigentlich bei Gott haben sollte. Und alle werden durch das Kreuzesopfer Jesu vor Gott annehmbar gemacht, ohne jedes eigene Verdienst. (Nachzulesen im Brief des Apostels Paulus an die Gemeinde in Rom. Kapitel 3, Vers 20-24.)
Niemand kann also das Heil erkaufen. Wir alle müssen es als Geschenk annehmen.
So scheint es auf den ersten Blick viel leichter, als Jehovas Zeugen, Mormonen und andere Sektierer – wie Norbert H. und Jochen K. mit ihren „Glaubens-Nachrichten" es wahr haben wollen. Glauben und Gerechtigkeit vor Gott sind Geschenke. Keine Arbeitsergebnisse. Wie schön und leicht. Wirklich?
Anscheinend ist dem nicht so. Allzuleicht schleicht sich das Mißverständnis ein: Wir kommen alle in den Himmel; zu tun brauchen wir nichts, wir kriegen's eh geschenkt. Schon gut, aber man kann Geschenke auch verkommen lassen, wenn man nichts damit anfängt.
Und dann ist der andere Irrtum so menschlich: Was ich nicht erarbeitet habe, gilt mir nichts; nur was bezahlt ist, kann mir ganz gehören.
Diese Haltung übersieht, daß wir Gott gar nichts bezahlen können. „Wenn ihr alles getan habt, was ihr zu tun schuldig wart, sprecht: Wir sind unnütze Knechte gewesen, wir haben getan, was wir zu tun schuldig waren", sagt Jesus zu seinen Jüngern. Und keiner tut alles, was er „zu tun schuldig" ist.
Als Sabine F. durch einen vom Mann zur Hilfe gerufenen Pfarrer dies alles vorgehalten bekommt, antwortet sie: „Das kann ich nicht glauben. Das wäre von Gott ja unmoralisch. Jede Leistung hat ihren Lohn und wer nichts leistet, kann keinen Lohn empfangen."
Doch der Herr in Jesu Gleichnis von den Arbeitern im Weinberg, der allen den gleichen Lohn auszahlt, antwortet auf die etwas entrüstete Frage derer, die am längsten gearbeitet haben, wieso er allen den gleichen Lohn auszahle: Habe ich nicht das Recht, mit meinem Eigentum zu machen, was ich will? Seid nicht neidisch, sondern freut euch, daß ich so großzügig bin. Und so ist das mit dem Heil und dem Himmelreich. Ein erkauftes Heil gibt es so wenig wie ein erarbeitetes Himmelreich. Gottes Weg heißt Geschenkzuweisung. Unsere Antwort: Dankbarkeit.

Wer sind „die 144 000“?

Das letzte Buch der Bibel spricht von den „144 000“! Seit je haben Sektierer in dieser Zahl der Himmelsfürsten sich selbst wiedererkannt.

Eine geheimnisvolle Zahl

Auf den ersten Anhieb sieht es aus, als ob man mit Zahlen nichts anderes machen könnte als rechnen und zählen. Ganz abgesehen davon, daß man Zahlen auch als Geheimschrift für die Übermittlung verschlüsselter Botschaften benutzen kann, kann man mit Zahlen auch spekulieren und sie als Symbole benutzen. Ja, vielleicht ist gerade diese Symbol-Benutzung die früheste Art der Zahlenverwendung. Auf jeden Fall ist sie in bestimmten Bereichen wichtiger geworden als das Zusammenzählen und Malnehmen und andere Rechenvorgänge.
So finden wir in der Bibel manche Zahlen in auffälliger Verwendung. Beispielsweise die Zahl 40: 40 Tage und Nächte regnet es bei der Sintflut, 40 Tage ist Mose auf dem Berg Gottes, als er die Gebote erhält, 40 Jahre ziehen die Kinder Israel durch die Wüste, 40 Tage fastet Jesus Christus nach seiner Taufe durch Johannes und 40 Tage dauert die Zeitspanne zwischen Ostern und Himmelfahrt.
Sieben und Zwölf sind andere Bibelzahlen, die uns häufig begegnen. Wer hätte nicht von den zwölf Söhnen Jakobs, den zwölf Stämmen Israels oder den Zwölf unter den Aposteln gehört.
Doch die Zahl, die seit Anbeginn den größten Reiz auf die Frommen ausübt und die immer wieder zu sektiererischen Spekulationen Anlaß gegeben hat, ist weder die Sieben, noch die Zwölf, noch die 40. Es ist die 144 000. Dreimal erwähnt das letzte und geheimnisvollste Buch der Bibel, die Offenbarung des Johannes, diese geheimnisvolle Zahl.
Erwähnung Numero eins: „Und ich hörte die Zahl derer, die versiegelt wurden: hundertvierundvierzigtausend, die versiegelt waren von allen Geschlechtern Israels“ (Kapitel 7, Vers 4).
Erwähnung Nummer zwei: „Und ich sah, und siehe, das Lamm stand auf dem Berg Zion und mit ihm hundertvierundvierzigtausend, sie hatten seinen Namen und den Namen seines Vaters geschrieben an ihrer Stirn“ (Kapitel 14, Vers 1).

Sie singen ein neues Lied

Drittens: „Und sie sangen ein neues Lied vor dem Thron . . . und niemand konnte das Lied lernen außer den hundertvierundvierzigtausend, die erkauft sind von der Erde“ (Kapitel 14, Vers 3).
Diese drei Bibelstellen haben immer wieder zum Nachdenken und Spekulieren und zu den eigenartigsten Auslegungen Anlaß gegeben. Wer sind nun die 144 000?
Offensichtlich müssen es ganz besondere Glaubens-Heroen sein. Nimmt

man allein die Menschheitszahl einer unserer Generationen (es leben derzeit über vier Milliarden Menschen gleichzeitig, also über 4 000 000 000), dann nehmen sich die 144 000 als recht kleine Gruppe aus. Noch dazu aus der gesamten Menschheitsgeschichte ausgesiebt?

Es fragt sich, ob die Fragestellung überhaupt richtig ist. Bei den Sekten und in sektiererischen Kreisen fragt man allerdings so: „Wer sind die 144 000?" und nur allzuoft lautet die Antwort: „Na wir!"

Zauberformel oder Offenbarung?

Jehovas Zeugen glauben da ganz klar zu sehen: „Da in der Offenbarung zweimal ein hebräisches Wort erwähnt wird (Offenbarung 9:11, 16:16) und der Apostel Johannes ein Hebräer war, handelt es sich bei dem Namen, den er an der Stirn der 144 000 geschrieben sah, ohne Zweifel um das heilige hebräische Tetragrammaton (יהוה oder JHWH), das Gott selbst als seinen Namen bezeichnet. Diese Tatsache beweist, daß es sich bei den 144 000 getreuen Christen auf dem ‚Berg Zion' um Zeugen Jehovas handelt." So lernen es Jehovas Zeugen aus dem Buch „Babylon die große ist gefallen" (S. 456), doch sie lernen eine Trick-Auslegung. Zuerst einmal haben die beiden „hebräischen Worte" mit der Sache überhaupt nichts zu tun. Das kann man nachlesen. Zweitens waren alle Apostel „Hebräer" wie die gesamte erste Christenheit, und drittens übergehen Jehovas Zeugen, daß es bezüglich der 144 000 (Zitat Nummer eins) heißt „sie hatten seinen Namen und den Namen des Vaters geschrieben an ihrer Stirn". Das aber meint den Namen Jesu Christi und den Namen Gottes des Vaters.

Jehovas Zeugen gehörten ursprünglich zu den Sekten, bei denen man sich als die 144 000 verstand. Doch bei heute etwas über zwei Millionen „Verkündigern" sind solche Vorstellungen zahlenmäßig nicht mehr sinnvoll.

Jehovas Zeugen führten ein Zweiklassen-System ein.

Als die 144 000 in der Mitgliederzahl überschritten wurde, führte die Wachtturm-Obrigkeit den Begriff der „Überrestglieder" ein. Diese „Überrestglieder" seien die besagten 144 000, sie würden dereinst mit Christus im Himmel herrschen, der Rest der Jehovas Zeugen und der „Menschen guten Willens" auf einer gereinigten Erde. Diese sogenannten herrschenden „Überrestglieder" wurden von der Wachtturmgesellschaft als „Klasse des treuen und verständigen Sklaven" bezeichnet und herausgestellt. Sie allein wären die Personen, die beim einmal jährlich stattfindenden „Gedächtnismahl" von Brot und Wein genießen dürften, denn sie allein seien „die Glieder des Leibes Christi", „diese Klasse, die der Herr Jesus ‚über seine ganze Habe' hier auf Erden gesetzt" habe. So jedenfalls wird es in der Schrift „Organisation zum Predigen des Königreiches und zum Jüngermachen" (Seite 9) gesehen.

„Gewisse Glieder der Klasse des ‚treuen und verständigen Sklaven' dienen als sichtbare leitende Körperschaft", heißt es in den Wachtturm-Schriften. Sie seien der „Kanal Jehovas", durch den Jehova Gott seinen Willen kundgebe. So wird aus der Gruppe der 144 000 die Vollmacht für die autoritäre Führung abgeleitet.

Die Bibel weiß weder etwas von „Überrestgliedern" noch von einer

„Klasse des treuen und verständigen Sklaven". Solches Klassendenken ist sektiererisch und dem Sinn des Evangeliums zuwider. Es gibt kein gestaffeltes Himmelreich. Es gibt keine „Christen 1. Klasse", wie diese Auslegung der hundertvierundvierzigtausend glaubhaft machen will.

Samstags frei – die Adventisten

Immer wieder haben Sektierer sich wegen ihrer Sonderlehre als jene geheimnisvolle Schar betrachtet. So die Adventisten, die ihre Sonderlehre im Halten des Sabbats (Sonnabend als Feiertag) mit dem Zeichen der 144 000er-Zugehörigkeit gleichsetzten, wenn es in einer alten Adventistenschrift heißt, daß es die seien, die sich „den Sabbat in Herz und Sinn schreiben" lassen.
Und eine kleine Sekte, die sich selbst als „Urkirche" versteht, sieht sich als „die wahren Christen, die 144 000, die allein die Gebote Jesu befolgen und das Himmelreich ererben. Daneben werden die Namenschristen der Großkirchen den breiten Weg gehen, der nicht ins Himmelreich führt."
Während in pfingstlerisch orientierten Kreisen es naheliegt, das „neue Lied", das niemand außer den 144 000 lernen konnte, mit dem „Singen in neuen Zungen", also jener in diesen Kreisen als besondere Geistesgabe geschätzten Zungenrede (Sprechen in unbekannten Lauten und Lautzusammenhängen) gleichzusetzen.

Erklärung ohne Taschenrechner

Dabei ist die Deutung der Zahl 144 000 recht leicht. Tausend ist im symbolischen Gebrauch die Vollendung. Zwölf die Zahl des Volkes Israel. Zwölf mal zwölf mal Tausend bedeutet, alle Völker in der Gesamtheit stehen auf dem Berg Zion. Alle Völker werden das neue Lied singen. Es ist das Gegenstück zum Taufbefehl, den Jesus Christus seinen Jüngern gegeben hat: „Gehet hin und machet zu Jüngern alle Völker" (Matthäus Kapitel 28, Vers 19).
Die symbolische Benutzung von Zahlen durchzieht die ganze Bibel. Wenn es heißt, daß Gott „tausend Jahre wie ein Tag" sind, dann ist das keine Zahlenakrobatik, sondern der Hinweis darauf, daß die Zahl der Fülle, Tausend, vor Gott wie nichts ist: Alle menschliche Zeit ist vor Gott höchstens wie ein Tag in unserem Leben.
Und auch hier haben Sektierer einen göttlichen „Zeitplan" erkennen wollen, indem sie meinten, man müsse immer nur 1000 Jahre einsetzen, wo im Zusammenhang von Gott von Tagen die Rede ist (etwa bei der Schöpfung).
Die Zahl Vierzig könnten wir am besten mit „genug, vollkommen ausreichend" übersetzen. Mose war „lange genug" auf dem Berg, als er die Gebote empfing, „lange genug" zog Israel durch die Wüste, bevor es ins gelobte Land durfte und „lange genug" dauerte die Zeit, in der Jesus Christus nach der Auferstehung seine Apostel begleitete.
So sind die Zahlen in der Bibel kein Anlaß für Rechenaufgaben und Zähl-Spielereien. Sie sagen etwas aus. Mit den hundertvierundvierzigtausend ist es ganz genauso.
Aus allen Völkern wird Jesus Christus seine Getreuen zu sich versammeln. Wie viele das sein werden, weiß er allein. Wir können auch dazugehören. 144 000, das ist keine Stückzahlbegrenzung, sondern eine zeichenhafte Predigt, die uns alle anspricht.

Warum spricht Gott heut nicht mehr wie vor 2000 Jahren? Oder doch? „Neue Offenbarungen" haben die Christenheit seit Jahrhunderten beschäftigt.

Ist die Bibel Gottes letztes Wort?

Neue Offenbarungen

„Guten Tag, wir kommen von der Kirche Jesu Christi der Heiligen der letzten Tage. Können wir den Hausherrn sprechen?" – Zwei junge Mormonenmissionare, gut gekleidet in Anzug mit Schlips, stehen vor der Tür und wollen ihr Zeugnis ablegen. Sie bringen die Botschaft, daß Gott angeblich in den USA neue Willenskundgebungen gemacht habe. Zuerst habe er sich 1820 einem damals 15jährigen Jungen gegenüber geäußert, später habe dieser Josef Smith eine Kirche gegründet und seitdem empfange der jeweilige Kirchenführer fortlaufende Offenbarungen, weshalb er auch als „Prophet und Offenbarer" betitelt ist.

Der „Prophet und Offenbarer"

In der Mormonenschrift „Ein Priestertums-Dauerprogramm zur Erhöhung der Familie" wird diese Familien-Erhöhung auch mittels „fortlaufender Offenbarung" durchgeführt.

„Es gibt keine bessere Führung in der Welt als die fortlaufende Offenbarung. Ständige Offenbarung ist ein unerläßlicher Teil des wiederhergestellten Evangeliums Jesu Christi (a.a.O. S. 5).

Gott bzw. die Götter (denn die Mormonen glauben an eine Göttervielzahl, bei denen Gott-Vater nur eine Art Leitungsamt innehabe) hätten einen Plan gemacht, den sie ständig kontrollieren und korrigieren müßten. „Nach der Ausführung eines jeden Auftrages prüften die Götter, ob ihnen gehorcht wurde. Eine solche sorgfältige Nachkontrolle erteilter Aufträge macht ein gutes Programm erfolgreich", heißt es in der Familien-Erhöhungs-Schrift.

Der Gedanke ist klar: Gott hat nicht einen ewigen Ratschluß, nach dem er den Menschen zu sich führen will, sondern er legt zusammen mit seinem Kollegengremium jeweils die nächsten Schritte fest. Danach teilt er sie mittels „fortlaufender Offenbarung" den Planausführenden (den Menschen) mit.

Der Mormonen-Theologe Talmage schreibt in seinem Buch „Die Glaubensartikel" klar und deutlich: „Es ist nicht nur vernunftwidrig, sondern widerspricht auch ganz und gar unserer Vorstellung von der unveränderlichen Gerechtigkeit Gottes, zu glauben, Er werde in der einen Dispensation Seine Kirche mit fortlaufenden Offenbarungen Seines Willens segnen und in der anderen die Kirche, die doch Seinen Namen trägt, sich selbst überlassen, um so gut es eben gehen mag, nach den Gesetzen vergangener Zeiten zu leben."

Der Schlüssel liegt in der Behauptung, es gäbe zwei „Dispensationen" der

Kirche. Die eine sei die Urkirche, die andere die Mormonenkirche. Dazwischen gähnt ein großes Loch: „Wohl ist infolge eines Abfalls die Vollmacht des Priestertums eine Zeitlang von der Erde weggenommen worden, so daß sich das Volk in einem Zustand geistiger Finsternis befand und ihm die Fenster verschlossen blieben."
Sieht man die Mormonengeschichte an, so zeigt sich, daß mittels dieser angeblichen fortlaufenden Offenbarungen zu Lebzeiten des Sektengründers Smith Gott Reisepläne und Eigentumsverhältnisse (zugunsten des Sektengründers) per angeblicher Offenbarung regelt und schließlich die Vielweiberei eingeführt haben soll.

Zehn Bände = 1 Evangelium

Etwa um die gleiche Zeit wirkte in Graz ein Musiker, der sich nicht durch seine Kunst einen Namen gemacht hat, sondern durch eine unermüdliche Schreiberei. Allein zehn Bände eines sogenannten „großen" Johannes-Evangeliums will der sich als „Schreibknecht Gottes" verstehende Jakob Lorber (1800–1864) „von Jesus selbst empfangen" haben.
Eine Textprobe: „Mein lieber Johannes, du hast vollkommen wahr und richtig gesprochen! Wird meine Lehre so den anderen Menschen überbracht werden, so wird sie auch bleibend gute Frucht tragen; wird sie aber den Menschen mit zuviel Wunderzeichen aufgedrungen werden, so wird sie gleichen einer notreifen Frucht, die selten einen wahren inneren Gehalt hat und sich für die Folge schlecht aufbewahren läßt."
Das ist nicht Originalton Jesu, sondern die Sprache eines gutbürgerlichen Sonderlings aus dem vorigen Jahrhundert. Bei den Lorber-Anhängern ist man allerdings höchster Meinung vom erhabenen Werk des Grazer Musiklehrers.

Werbende Mormonen-Broschüre

Als um die Mitte des vorigen Jahrhunderts der unbekannte Mystiker Jakob Lorber – inspiriert durch das Innere Wort – seine seltsamen Werke niederschrieb und hernach seine Bücher den Weg in die Welt antraten, da schüttelte wohl mancher Leser den Kopf über Dinge, mit denen er und Glaube und Wissen seiner Zeit kaum etwas anzufangen wußten. War schon der religiöse Inhalt seiner Schriften von einer Art, die von den eingefahrenen Geleisen der christlichen Theologie erheblich abwich und deren Dogmen himmelhoch überragte, so stellte der naturkundliche Teil seiner Offenbarungen den Betrachter vielleicht noch vor größere Aufgaben.

Die Saturnkuh mit den Diamantenaugen

Doch man sollte einmal das „vom Vater des Lichts kundgegebene" Werk „Der Saturn" lesen, um die Quelle derartiger Offenbarungen kennenzulernen – das Unterbewußte des Schreibers. So ist die fliegende Saturnkuh („Die Augen der Fliegenden Kuh sind äußerst scharf und lebhaft und funkeln bei der Abenddämmerung wie Diamanten") und der Saturn-Elefant Sisterkihi („über der Stirn zwischen den zwei Ohren sitzt ein langer beweglicher Rüssel, welcher bis zu einer Länge von 40 Klaftern ausgedehnt, im Gegenteil aber wieder bis zu einem Drittel seiner Länge eingezogen werden kann") ebenso anzutreffen, wie die Saturn-Bewohner.

„Da besteht eine ganze Familie gewöhnlich nur aus den beiden Eltern und ihren Kindern. Was die Groß- oder Ureltern betrifft, so leben diese gewöhnlich für sich mit dem Beibehalten von einigen Dienst- oder Hilfsgenossen. ... ihre Wohnungen bestehen meist aus Gezelten, welche aus übereinandergelegten Bäumen errichtet sind. Was die Räumlichkeit betrifft, so faßt da ein solches Wohnhaus freilich wohl nicht so viel wie ein Wohnbaum auf den Bergen. Aber dessen ungeachtet ist ein solches Gezelthaus noch immer so raumhaltig, daß ihr ganz bequem zehn Regimenter eurer Soldaten in demselben beherbergen könntet."

Kommentar überflüssig. Und dies alles soll Gottvater geplaudert haben.

Offenbarung in der Bibel hat eine andere Bedeutung. Sie zeigt uns den grundlegenden Willen Gottes. Nach Jesus und seinen Aposteln ist da nichts mehr zu sagen. Gott regelt durch die Offenbarung des Evangeliums das Verhältnis zwischen ihm und dem Menschen, nicht die Tagesfragen. Würde der Mensch einer fortlaufenden Offenbarung unterliegen, so würde ihm das wenig nützen. Einmal bliebe immer die Grundfrage: Ist das nun „fortlaufende Offenbarung" oder Betrug. Zum anderen wäre er wie ein Schüler, der noch in der zehnten Klasse täglich von der Mutti in die Schule gebracht würde. Gott nennt die Ursache, weist den Weg und das Ziel. In Jesus Christus ist, wie es der Apostel Paulus deutlich sagt, „zu erkennen das Geheimnis Gottes, das Christus ist, in welchem verborgen liegen alle Schätze der Weisheit und Erkenntnis" (Kolosserbrief Kapitel 2), und da in ihm „die ganze Fülle der Gottheit leibhaftig" wohnt, braucht es nichts anderes, als seinem Evangelium zu folgen. Daß Gott „vorzeiten manchmal und auf mancherlei Weise geredet hat zu den Vätern durch die Propheten", wird im Anfang des Hebräerbriefes gesagt. Dann aber hat Gott durch seinen Sohn zu uns gesprochen, den er „zum Erben über alles gesetzt" hat. Nirgends ist gesagt, daß Gott danach Jesus entmündigt habe und nun diesen alten Weg des Redens zu den Propheten wieder aufnehmen würde.

Ein Zeugnis der Kirche

Die Bibel enthält auch keinen Hinweis darauf, daß Jesus Christus nach der Himmelfahrt wieder aufgebrochen sei, um auf der Erde neue Offenbarungen zu verbreiten. Der Sinn des Apostelamtes liegt ja gerade darin, daß die bevollmächtigten Auferstehungszeugen jetzt die Botschaft von Jesus Christus weitergeben.

Auf diesem Zeugnis steht die Kirche. Wer neue Offenbarungen verbreiten will, verläßt diese Grundlage und muß – sozusagen notgedrungenermaßen – auch die Bibel „außer Kraft setzen". Und das geschieht auch dort, wo man die Bibel durch neue Offenbarungen angeblich „nur erklären und weiter ausführen" will. Dazu genügen Predigten über die Bibel. Dazu braucht es wirklich keine neuen Offenbarungen.

Die zwölfbändige Bibel des „wiedergeborenen Petrus" blieb bislang unvollendet

Ab und zu treten dann sogar regelrechte „neue Bibeln" auf den Plan. So hat der Mormonengründer Joseph Smith seine neuen Offenbarungen als heiliges Buch sammeln und unter dem Titel „Lehre und Bündnisse" verbreiten lassen. Bei der zu den Jugendreligionen gehörenden Vereinigungskirche haben die Offenbarungen des Gründers San Myung Mun im Leben der Organisation einen höheren Rang als die Bibel. Jakob Lorber hatte seinerzeit „zusätzlich" zum biblischen Johannes-Evangelium ein zehnbändiges „Johannes, das große Evangelium" geschrieben.
Und im Chiemgau hat Ende der siebziger Jahre ein gewisser Harald St. als „wiedergeborener Petrus" eine zwölfbändige neue Bibel angekündigt, von der er aber nach Einsammeln immenser Geldbeträge (Einzelspenden bis zu DM 20 000,– gingen von den gläubigen Anhängern der „Lichtkreis Christi" genannten Kleinsekte ein) nur einen Band bislang erscheinen ließ. „Gott der Herr – die neue Bibel" nennt er sein seltsames Werk, in dem er Jesus sagen läßt: „Das Geld ist nicht meine Schöpfung . . . so wandelt euer Geld in Liebe um und nehmt ihm das Verderbliche, indem ihr es verwendet für Heilige Werke der Liebe . . . Gesegnet ist ein jedes Opfer eurer Liebe für Meine Neue Bibel . . ." Ein Gericht bescheinigte dem falschen Petrus denn auch, daß er seine Anhänger finanziell stark in Anspruch nimmt. Auch dazu müssen Neuoffenbarungen manchmal herhalten.
Neuoffenbarungen verlangen sozusagen einen doppelten Glauben. Zuerst muß ich einmal glauben, daß Gott (oder Jesus) außerhalb der biblischen Offenbarungen fortlaufende Mitteilungen machen wollen. Zweitens aber muß ich glauben, daß das, was der jeweilige Offenbarungsempfänger vorlegt, auch eine solche Offenbarung ist. Denn die Neuoffenbarungen widersprechen sich gegenseitig ebenso, wie sie der Bibel widersprechen.

Versuch's mal mit der echten Bibel

Was zur Seligkeit nützlich ist, hat nach christlichem Glauben die Bibel alles für uns schon bereit. Auch genügend Beispiele finden sich dort, wie man richtig und gottwohlgefällig lebt. Mehr braucht's nicht. Wer sich unsicher fühlt, der kann's ja mal mit der Bibel und mit Gebet versuchen. Gebet anstelle von Neuoffenbarung – das ist die christliche Alternative. Zwar antwortet Gott manchmal anders, als wir es uns wünschen. Aber er kann uns für unser Leben als Antwort aufs Gebet Wege zeigen, wo wir vorher nichts mehr an Hoffnung gesehen haben. Das ist dann keine Neuoffenbarung, sondern die ewig neue uralte Offenbarung von Gottes Liebe zu uns oft sehr unliebenswürdigen Menschen.

Gott und Geld

Ohne Zweifel hat Glaube auch mit Geld zu tun. Auf das richtige Verhältnis kommt es an. Kirchensteuern oder freie Gaben – eine Frage mit vielen Antworten.

Zehnter, Steuern, freie Gaben

,,Geld und Glauben passen doch nicht zusammen. Das ist doch klar. Wenn jemand was fürs Geld tut, hat das mit dem Glauben nichts mehr zu tun." – ,,Durch die Kirchensteuer werden doch die Kirchen unselbständig. Man verläßt sich dann auf das Geld und nicht mehr auf den persönlichen Einsatz." ,,Und außerdem steht von Kirchensteuer nichts in der Bibel."

Viele Menschen glauben, Geld würde den Idealismus verdrängen. Irgendwie könne das nicht gut gehen, wenn der Glaube materiell zu gut abgesichert ist. Mit anderen Worten: Erstickt das Gemeindeleben an der Kirchensteuer?

Schließlich sei das auch noch ein unehrliches System, wenn sogar die zahlen müßten, die nicht glauben. Zuviel Geld würde außerdem zu ständigen Ausgaben verleiten und die seien in vielen Fällen unwichtig oder sogar falsch. ,,Was macht die Kirche mit unserem Geld?" fragen dann hin und wieder auch mal die Zeitungen. Die Antworten fallen dann je nach dem Standpunkt des Betrachters aus.

Wer glaubt, der zahlt

,,Leben die Sekten da nicht ehrlicher? Da muß doch nur der zahlen, der an die Sache glaubt!" Nicht selten gelten gerade die Sekten und kleine Freiwilligkeitsgemeinschaften als Beispiel für eine Ablehnung der Kirchensteuer. ,,Dort gibt jeder soviel wie er will." Aber das stimmt nicht. Viele Sekten kennen den sogenannten ,,Zehnten". Das sind zehn Prozent des Netto- oder in manchen Fällen auch des Brutto-Einkommens. Von hundert Mark sind das zehn, von dreitausend gehen dabei dreihundert an die Gemeindekasse.

Bei den Mormonen heißt es: ,,Besondere Segnungen sind für ein getreuliches Halten dieses Gebots verheißen." Mormonengründer Joseph Smith hatte seinerzeit eine besondere Offenbarung von Gott erhalten, so heißt es, in der Gott den Zehnten befohlen habe. Sieben Jahre vorher hatte Joseph der Prophet allerdings eine andere Offenbarung erhalten, derzufolge alles Hab und Gut seiner Anhänger für die Gemeinschaft bestimmt sei, ,,so daß es der Kirche nicht mehr genommen werden kann – meinen Geboten gemäß". Da war der Zehnte schon eine entscheidende Verbilligung.

Andere Gruppen, wie beispielsweise in den Pfingstgemeinschaften, bestehen nicht auf einem gesetzlichen Zehnten, sondern sehen in den zehn Prozent eine Art ,,gleichmäßigen Maßstab" für ansonsten freiwillige Gaben und Opfer, der nicht unterschritten werden sollte. In einem pfingstlerischen Lehrhandbuch (,,Ein Feuer auf Erden, eine Einführung in Lehre und Leben der Pfingstbewegung") wird jedoch deutlich darauf hingewiesen: ,,Aber viele geben natürlich mehr als dieses Opfer, da außer innergemeindlichen Verpflichtungen auch andere Projekte der

Mission, des Zeitschriftendienstes, der Rundfunkarbeit usw. geldlich unterstützt werden."

Erst Geld, dann Gott

Geld ist wichtig, ja in unserer Welt notwendig. Doch es ist sicher allzusehr in den Vordergrund geschoben, wenn bei einem Gemeindeseminar einer sogenannten „Charismatischen" (pfingstlerischen) Gemeinde in Berlin der Durchführende auf die Frage, was das Wichtigste im Leben der Gemeinde sei, auf die zögernden Antworten wie „Gott", „daß wir Gott und Jesus folgen" klarstellt: „Nein Geld!".

Tatsächlich wollte diese kleine Pfingstgemeinde denn auch die Berliner Kongreßhalle kaufen.

Einer der umstrittensten amerikanischen Sektenführer, Herbert W. Armstrong, Gründer der „Worldwide Church of God", Herausgeber der Zeitschrift „The Plain Truth" (in Deutschland: „klar & wahr"), hatte sein weitverzweigtes Unternehmen mit mehreren Colleges, Rundfunksendungen, Zeitschriften und einer äußerst kostspieligen Schriftenmission mit dem Zehnten finanziert. In einer besonderen (kostenlosen) Schrift über den Zehnten mit dem Titel „Das Ende Ihrer finanziellen Sorgen" behauptet er:

„So lautet Gottes Gesetz! Kein Pfennig Ihres Verdienstes oder eines Erzeugnisses mit dem Wert von auch nur einem Pfennig gehört Ihnen – alles gehört Gott. Er kann damit tun, was er will. Aber Gott hat es angeordnet, daß er, nachdem Sie ehrlich das eine kleine Zehntel abgeführt haben, welches er für sich beansprucht, Ihnen dann die anderen neun Zehntel gibt. Dann, und nicht eher, können Sie rechtmäßig das Eigentumsrecht über die neun Zehntel beanspruchen." Dies sei, erklärt Armstrong, „in Wahrheit ein Geschäft, das

Form CM-64-GRMN

BESCHEINIGUNG ÜBER ZUWENDUNGEN

NICHT ZUR VORLAGE BEI STEUERBEHÖRDEN!

Datum ______________________ 19 ___

Hiermit wird bescheinigt, daß ______________________

der Kirche Jesu Christi der Heiligen der Letzten Tage im Jahre 19___ freiwillig folgende Beträge zugewendet hat:

	Bis zum jährl. Zehntenausgleich bezahlte Beträge	Beim jährlichen Zehntenausgleich bezahlte Beträge	Gesamtbetrag
Fastopfer			
Missionarsfonds			
Wohlfahrtsfonds			
Baufonds			
Haushaltsfonds			
Sonstige			
Zehnter			
Gesamtzuwendung			

Dies geht aus den Büchern der (Zweig)Gemeinde ______________________

______________________ Pfahl/Mission hervor.

Unterschrift ______________________ Bischof / Gemeindepräsident

BHE-12

Mormonenformular für freiwillige Gaben

er (Gott) mit Ihnen eingeht". Ein Geschäft ist das in der Tat. Und die Inkassostelle ist Herrn Armstrongs Sekte, die allerdings Ende der siebziger Jahre erheblichen Ärger mit der Staatsanwaltschaft bekam, da die steuerfreien Gelder ein unglaubliches Luxusleben für die Leiterschaft ermöglichten. Über 52 Millionen Dollar war die stolze Spendensumme des für die „Weltweite Kirche Gottes" aus Gründen innerer Streitigkeiten zwischen dem Kirchengründer und seinem Sohn schlechten Jahres 1978. Der Sohn hatte sich mit einem Teil der Spenderschaft als „International Church of God" selbständig gemacht.

Der Erfolg des Herrn Colgate

Vater Armstrong läßt als „einziger Apostel Jesu Christi" weiterhin sein Zehnten-Gesetz verkünden, das jedoch durchaus nach oben offen ist. Als Muster-Zahler wird der US-Industrielle Colgate geschildert, der sich vom einfachen Lehrling zum Konzernherrn mittels Zehntenzahlung emporgekauft haben soll. Armstrong über Colgate: „Als Colgate weiterhin erfolgreich war, zahlte er zwei Zehntel. Seine Unternehmungen gediehen weiterhin, und er zahlte drei Zehntel. Nach weiterem Erfolg zahlte er vier. Sein Wohlergehen und Reichtum wuchsen immer weiter, und er entschied sich, die Hälfte seines Einkommens zu geben."

Gott und Geld, das geht hier bedenkenlos Hand in Hand. Herr Colgate zahlt und Gott läßt es ihm jeweils besser gehen. Man muß sich anstelle des Zahnpasta-Industriellen mal einen Rüstungskonzernherrn vorstellen, um zu sehen, wie schlimm diese Gleichsetzung ist: „Was du hast, ist von Gott – also waren deine Methoden und Geschäfte richtig."

Die Bibel lehnt solche Ansichten ab. Im Gleichnis vom reichen Jüngling wird nicht eine besondere Spendensumme empfohlen, sondern die Übergabe des ganzen Lebens und allen Besitzes an Gott. Dabei soll allerdings der Besitz an die Armen gehen. Jesus sagt nicht: „Gib dein Geld bei meinem Kassenverwalter ab" (das war Judas). Er sagt: „Gib es den Armen." Er sagt auch nicht: „Je mehr Geld du abgibst, desto mehr wirst du erhalten." Armstrongs Gedanken (und alle ähnlichen in anderen Sekten und Bewegungen) sind unchristlich und haben mit der Bibel nichts zu tun.

Zwar kennt das Alte Testament auch den „Zehnten" (dort wird der Ausdruck zuerst erwähnt). Aber mit diesem „Zehnten" sind alle „Kirchen- und Staats-Steuern" abbezahlt. Tempel und Königshof werden davon unterhalten. Wir zahlen heute sicher mehr.

Noch ein Problem gibt es beim Zehnten: Wenn Gott den Zehnten für sich fordert (wie beispielsweise Armstrong behauptet), muß der, der den Zehnten einnimmt, sein Konto mit dem Gottes verwechseln. Tatsächlich ist der „Zehnte" nichts anderes als die Kirchensteuern auch: Das Geld, mit dem die jeweilige Gemeinschaft ihre Ausgaben bezahlt. (Die Kirchensteuer beträgt allerdings etwa 8 bis 10 Prozent von der Lohn- und Einkommensteuer, ist also wesentlich niedriger.)

Die allerschlimmsten Auswüchse des Spiels um Gott und Geld finden sich aber bei religiösen Einzelgängern (sie selbst nennen sich meist „Evangelisten") wie dem Amerikaner Tommy L. Osborn und dem Schweizer Jean-Michel Cravanzola.

„Pünktliche Zahlung sichert die Renten“

Osborn behauptet, daß man über ihn einen „Bund der Fülle mit Gott“ eingehen könnte. Bedingung: Pünktliche Überweisung von Geld an Osborn und sein Unternehmen.

Als Gegenleistung verspricht Osborn: „Unerwartete Geldsendungen. Gehalts- und Rentenerhöhungen. Erbschaften, neue Autos usw. usw.“
Ja, dieser über Osborn per Dauerüberweisungsauftrag geschlossene „Bund der Fülle mit Gott“ bewirke, daß „Du Erfolg haben kannst, während andere

Verwaltungszentrale der Kirche Jesu Christi der Heiligen der letzten Tage (Mormonen) in Salt Lake City.

fehlschlagen; Du gesund sein kannst, während andere krank sind; Dir Dein Posten sicher ist, während andere entlassen werden; Dein Geschäft Erfolg haben kann, während andere bankrott gehen".

„Vorbei mit Krankheit, Angst und Mißerfolg"

Jean-Michel Cravanzola, Gründer der Gruppe „Jean-Michel et son Equipe", möchte den Zehnten und behauptet in einem sogenannten „Glaubensmagazin LA GERBE DE BLE": „Gesundheit: Vorbei mit den Krankheiten. Erfolg: Vorbei mit den Mißerfolgen. Glaube: Vorbei mit der Angst. Liebe: Vorbei mit der Einsamkeit. Wohlergehen: Vorbei mit der Not. Glück: Vorbei mit der Verzweiflung. ... durch seinen Tod am Kreuz schenkt Ihnen Jesus ab heute: Gesundheit – Erfolg – Glauben – Frieden – Liebe – Glück und Wohlergehen." Ein Haus mit Swimming-Pool, ein Luxusauto, ein See mit Segelschiffen, Hochhäuser, ein Düsen-Jet und eine mit Fahnen geschmückte moderne Kirche – von himmlischen Händen auf einem Tablett serviert – verbildlichen den angepriesenen Erfolg. Ohne Zweifel hat ihn Jean-Michel Cranvanzola schon ausgekostet. Das Luxusauto schenkte ihm eine finanzkräftige Anhängerin.

Zum Jahreswechsel schreibt Jean-Michels Frau die möglichen Spender an: „Vergessen Sie nicht, mir zu schreiben und Ihre Saat während des ganzen kommenden Jahres in das Evangelisationswerk zu säen. Jean-Michel und ich beten jeden Tag für Ihre Bedürfnisse."

Ein Testament für Gott zugunsten Mr. T. L. Osborn

Auch von den Toten würden derartige Wundermänner es gern noch nehmen. „Solltest Du schon ein Testament aufgesetzt haben, schlagen wir Dir vor, es zu überprüfen", rät Tommy L. Osborn. Die Testamentsberatung ist kostenlos.

Geld und Glauben haben miteinander zu tun. Man braucht Geld, um Gottesdienste halten zu können. Aber „freie Gaben" und „Zehnter" machen eine Gemeinschaft noch nicht wirklich frei. Wer zahlt, schafft an, heißt es. So können die freien Gaben und der erwünschte Zehnte sogar zu einer ziemlichen Abhängigkeit von den Gebern und zur Zügellosigkeit in den Methoden der Geldbeschaffung führen.

Sicher gibt es auch Gemeinschaften, die den Zehnten kennen und von freien Gaben leben, ohne daß sie die hier geschilderten Auswüchse kennen.

Sicher ist aber auch, daß die Freiheit von ständigen Einkünften (wie beispielsweise der Kirchensteuer) eine Glaubensgemeinschaft noch nicht wirklich frei macht. Ständige Einkünfte, wie die Kirchensteuer, können sogar eine Sicherheit und Unabhängigkeit „Gutes zu tun" schaffen. Auch wenn sie kein Patentrezept sind.

Ob Zehnter, Kirchensteuer oder freie Gabe ist schließlich gleichgültig. Wichtig ist einmal, „was" damit getan wird und zum anderen, ob sie auf anständige Weise gewonnen wurden.

Gott zum Partner für Schwindelgeschäfte zu machen („Du gibst mir Geld, Gott gibt dir Wohlstand") ist sicher Sünde.

Es ist nicht alles echt, was klingt. Auch im religiösen Bereich gibt es falsche Titel und Würden. Manchmal werden sie Gutgläubigen zu Fallstricken. Wachsamkeit ist eine gute christliche Tugend.

P.S.: Auch Titel haben ihren Reiz

(und können falsch sein)

„Paulos, Mitropulit von Düsseldorf und ganz Nordrhein-Westfalen" stand auf der Visitenkarte (auf der Rückseite das gleiche in arabischer Sprache). „Wir, die orthodoxe Christenheit", hatte sich der Mitropulit einmal bei einem der vielen Gerichtsverfahren verlauten lassen. Doch diese orthodoxe Christenheit mochte von ihm, dem ehemaligen „Archimandriten" und nunmehrigen „Mitropuliten", nichts wissen. „Ein Schwindler", hieß es lakonisch aus dem orthodoxen Lager.

Bischof, Pfarrer und Pastoren

Niemand weiß, wie groß die Zahl derer ist, die die individuelle Bedeutungslosigkeit im Zeitalter der Massen durch einen wohlklingenden Titel überspielen möchten. Der falsche Ritter des (ebenso unechten) Templerordens, der „Herr Doktor" von der Postscheckkonto-Universität (zahle 1000 Dollar, werde umgehend Doktor) und der selbsternannte Bischof, Mitropulit oder Patriarch, sie alle sind Produkte des Zeitalters der Massengesellschaft. Sie würden gerne etwas Besonderes sein, haben aber die erwünschten und vorgeschriebenen Anforderungen nicht erfüllt. Nun scheint sich gerade die Religion als Ausweg zu bieten.

Ein Titelschwindler, der mit Doktortiteln handelte, versuchte sich dann so herauszureden: „Alle unsere Titel sind kirchliche Ehrentitel und fallen damit unter die Religionsfreiheit." Der Staatsanwalt mochte ihm nicht glauben und er fiel unter den Betrugsparagraphen. Hätte er die Interessenten zu „Honorar-Bischöfen" ernannt, niemand hätte es ihm verbieten können. Bischof, Pfarrer und Pastor, Priester und Diakon – das sind keine geschützten Titel. Jeder kann sie sich zulegen.

So sind viele der ehemaligen „Prediger" unterschiedlichster Sekten in unseren Telefonbüchern als „Pastoren" oder gar „Pfarrer" verzeichnet.

Mancher „Bischof", „Erzbischof" oder „Archimandrit" ist nichts als ein selbsternannter Sekten-Häuptling. Darum ist auf dem Markt der religiösen Titel und Bezeichnungen höchste Vorsicht am Platze.

„Erzabt" gründet neuen Münchener Templer-Orden

Schließlich sind selbst Kirchenbezeichnungen kein Schutz vor Irrtum. Als Frau S. ihre gesamte Habe einer „Ka-

ACC. HC. CAV. MGR. JOSEF MARIA THIESEN

BISCHOF
PRESIDE DELL JSTITUTO DI SCIENZE TEOLOGISCH
UNIVERSITÁ DEGLI STUDI »LEONARDO DA VINCI« PALERMO
PRESIDE DELLA FACOLTA TEOLOGICA - CONSIGLIERE D 'ONORE
DOCENTE UNIVERSITA PRO PACE - TORINO-JTALIA
VICARIO GENERALE APOSTOLICO IN GERMANIA
PIA UNIONE DELLE CHIESE CRISTIANE/PALERMO/JTALIA

5 KÖLN 60 - ELTENER STR. 6 - TEL. 76 55 29

Eine Visitenkarte, die für sich selbst spricht.

tholischen Kirche, Apostolisches Vikariat" vermachte, mochte sie gemeint haben, es der allseits bekannten ,,Katholischen Kirche" zukommen zu lassen. Doch das stimmte nicht. Hinter dem Namen verbarg sich eine Gruppe mit kaum einem Dutzend Mitgliedern, und der sich als Bischof und ,,Primat" (!) verstehende ,,Kirchenführer" machte von der Erbschaft lustige Reisen. Eine ,,altevangelische Kirche" entpuppte sich nicht als Gegenstück zur ehrwürdigen Altkatholischen Kirche, sondern als Gründung eines Heilpraktikers und notorischen Religionsschwindlers.

Und in München schoß der ,,Erzabt" des allbekannten ,,Templer-Ordens" den Vogel ab. Er kassierte für den (seit dem 14. Jahrhundert aufgelösten) Templer-Orden Zuschüsse in sechsstelliger Höhe. Die Zahl der ,,Ordensmitglieder" ließ sich an einer Hand abzählen. Eine Vereinsgründung (Jahrgang 1974), ein bißchen sozialer Staub und ein von keiner Selbstkritik getrübtes Auftreten verschafften dem ehemaligen Lehrer-Seminaristen die gewünschte Resonanz.

Nicht immer muß es ein solch hochtrabender Titel sein. Manchem genügt der ,,Pastor" vollauf. ,,Nachdem ich ein Jahr die Bibelschule in X. besucht habe, hat man mir nach dem Bestehen gesagt, ich könnte in jeder Gemeinde Pastor werden. Von Beruf bin ich eigentlich Gärtner, aber die Bibel hat mich schon immer interessiert. Und schließlich hat mich die Gemeinde hier in F. angestellt, so ist mein Werdegang." Sein Kollege an der benachbarten protestantischen Gemeinde hat für den ,,Pastor" immerhin Abitur machen und zehn Semester studieren müssen. Doch wenn er sich vorstellt, dann heißt es: ,,Mein Name ist A." Der Einjahresbibelschüler: ,,Ich bin Pastor S."

Zweimal hinschauen und dreimal nachfragen ist besser als einmal hereinfallen

Ein Titel macht noch keinen Menschen. Das ist sicher richtig. Aber richtig ist auch: Ein Titel besagt nicht mehr, als der darstellt, der ihn führt.

Der ,,Bischof" kann ein Schwindler sein und der ,,Pastor" ein Sektenprediger. Und selbst der Kirchentitel ist kein Garantieschein.

Eins aber muß man auch noch sagen: Der Schnellkurs-Pastor kann ein prima Mann und guter Christ sein und der ,,Studierte" ein Problemkasper.

So wären in diesem Gebiet zwei Lernsätze angebracht:

1. Schau auf den Menschen, nicht auf die Verpackung.
2. Zweimal hinschauen und dreimal nachfragen ist besser als einmal hereinfallen.

Wohin kann ich mich wenden?

In Fragen, die Sekten betreffen, kann man sich an jedes Pfarramt oder an eine Telefonseelsorgestelle wenden.
Darüber hinaus haben die Landeskirchen Beauftragte für Sekten- und Weltanschauungsfragen bestellt, die in einigen Fällen sich hauptamtlich mit diesen Fragen beschäftigen und seelsorgerliche Beratung geben können.

Als Adressen bieten sich aber vor allem folgende Dienste an:

1. Bruder-Dienst, Kremper Weg 38 b, 2210 Itzehoe (für Schriftenbezug).
   H.-J. Twisselmann, Florapromenade 32, 2200 Elmshorn, Tel. 0 41 21/54 51 (zur persönlichen Beratung).
   Der Bruder-Dienst wurde von Pfarrer Hans-Jürgen Twisselmann gegründet, der einst selber Zeuge Jehovas gewesen war. Seine Schriften sind sehr gut und eignen sich vor allem zur Weitergabe an die Zeugen Jehovas. Beim Bruder-Dienst gibt es auch Kontaktadressen für viele Orte der Bundesrepublik (auch für Seelsorge an von Zeugen Jehovas bedrängten Gastarbeitern).
2. Kath. Informationsbüro Glaubensgemeinschaften, Sekretariat 7961 Haisterkirch, Tel. 0 75 24/67 12. Leiter des Werkes ist Günther Pape, geb. 1927, der eine Reihe sehr informativer Schriften über Jehovas Zeugen (aus eigenem Erleben) verfaßt hat.

Weitere Informationsstellen sind:

3. „Arbeitskreis Religiöse Gemeinschaften" der VELKD, c/o VELKD-Kirchenamt, OKR Dr. H. Reller, Postfach 51 04 09, 3000 Hannover 51. Der Arbeitskreis hat das – vor allem für die kirchlichen Mitarbeiter wichtige – „Handbuch religiöse Gemeinschaften" erarbeitet, das im Gütersloher Verlagshaus Gerd Mohn verlegt worden ist.
4. Evang. Zentralstelle für Weltanschauungsfragen, Hölderlinplatz 2 A, 7000 Stuttgart-W, bietet kostenloses Informationsmaterial.
5. Arbeitsgemeinschaft für Religions- und Weltanschauungsfragen, Postfach 50 01 07, 8000 München 50, sammelt Informationen.
6. Die evangelischen landeskirchlichen Beauftragten für Sekten- und Weltanschauungsfragen:
   Baden – Pfarrer K. M. Bender, Mainzer Str. 16, 7500 Karlsruhe 51
   Bayern – Pfarrer F.-W. Haack, Postfach 50 03 05, 8000 München 50
   Berlin – Pastor Thomas Gandow, Goethestr. 30, 1000 Berlin 12
   Hannover – Pastor J. Biallas, Archivstr. 3, 3000 Hannover 1
   Hessen u. Nassau – Pfr. B. Leinberger, Elisabethstr. 51, 6100 Darmstadt
   Oldenburg – Pastor Eberhard Strecker, Kirchweg 1, 2895 Tossens
   Pfalz – Pfarrer A. H. Kuby, Evang. Akademie, Gr. Himmelsgasse 6, 6720 Speyer
   Rheinland – Volksmissionarisches Amt Rheinland, Rochusstr. 44, 4000 Düsseldorf 30
   Nordelbische Evang.-Luth. Kirche – Pastor Detlef Bendrath, Brahmsstr. 20 f, 2400 Lübeck

Westfalen – Pfarrer R. Hauth, Röhrchenstr. 10, 5810 Witten/Ruhr

Württemberg – Pfarrer W. Schmidt, Ev. Oberkirchenrat, Postfach 92, 7000 Stuttgart 1

In der Schweiz: Evang. Orientierungsstelle, Pfarrer Dr. O. Eggenberger, Auf der Egg 9, CH-8038 Zürich

7. Beauftragter für Sekten- und Weltanschauungsfragen der Erzdiözese München-Freising: Dipl.-Theol. Hans Löffelmann, Maxburgstr. 5, 8000 München 2

An besonderem Schrifttum kann empfohlen werden:

- Die Schriften der Münchener Reihe, die sie auf der folgenden Umschlagseite besonders angezeigt finden. In dieser Reihe gibt es darüber hinaus eine Reihe von Schriften zu besonderen Glaubensfragen (z. B. „Taufe", „Bekenntnisse", „Tod" etc.).
- Handbuch religiöse Gemeinschaften, Gütersloher Verlagshaus G. Mohn (herausgegeben vom VELKD-Arbeitskreis Freikirchen und Sekten). Adresse siehe oben.
- „Evangelischer Erwachsenenkatechismus", Gütersloher Verlagshaus G. Mohn – geht auch auf die Fragen „Sekten" und „Weltanschauungen" besonders ein. Dieses Buch ist für die kirchliche Erwachsenenbildungsarbeit besonders gut geeignet.
- Kurt Hutten, „Seher, Grübler, Enthusiasten", Quell-Verlag Stuttgart (eines der Standardwerke der Sektenkunde).
- Schriften des Autors dieses Heftes können erfragt werden bei der Arbeitsgemeinschaft für Religions- und Weltanschauungsfragen, Abteilung Schriftenarbeit, Postfach 50 01 07, 8000 München 50.

  Der Arbeitsgemeinschaft können auch Sektenmaterialien, z. B. aus Nachlässen, übergeben werden.

Südwestpresse vom 24. 6. 1980

Offensichtlich „minutiös geplant":

Die Tragödie im Hirrlinger Wald

Zwei 15jährige Mädchen verübten am vergangenen Donnerstag Selbstmord durch Erhängen

Am Donnerstag erhängten sich in einem Wald nahe Hirrlingen zwei fünfzehnjährige Mädchen. Weder Liebeskummer noch Schulsorgen waren es, die sie in einen lang vorhergeplanten Tod trieben. Wir sprachen mit einer ganzen Reihe von Leuten, die die beiden gut kannten, zum Teil laufend mit ihnen zu tun hatten und ihre Not kannten (und verkannten). Das Ergebnis der Recherchen wirft ein erschreckendes Schlaglicht auf die Situation von Kindern in religiös fanatisierten Familien.

Am Donnerstag zwischen 15.30 und 16.30 betraten die 15jährige Evelin, die mit ihren Eltern und zwei Geschwistern vor rund drei Wochen aus Rottenburg nach Hirrlingen in ein Eigenheim gezogen war, und die gleichaltrige Sibylle, die seit zehn Jahren in der Bischofsstadt wohnt, das Geschäft der Raiffeisenkasse in Hirrlingen. Sie wollten einen Strick kaufen. Der Verkäufer dachte sich nichts Arges dabei, fragte nur, ob sie damit irgend etwas einfangen wollten. Mit dem Seil fuhren die beiden dann auf ihren Mofas in den Wald hinter dem Schützenhaus der kleinen Ortschaft. Ihre Zweiräder legten sie im Gewann Ostermorgen ins Gras und gingen den Rest des Weges zu Fuß.

Sie mußten schon genau gewußt haben, wohin sie wollten, mindestens acht Tage lang vorher wurden sie häufig in der Nähe des Schützenhauses gesehen. Am Donnerstag gingen die beiden bis zu dem erst vor kurzem errichteten Hochsitz, rund 400 Meter Luftlinie von dem Vereinsheim entfernt, im Gewann Stetter Lehen.

Was dann geschah, war offenbar (so ein Polizist) „minutiös geplant": Sibylle und Evelin banden den in zwei gleichlange Stücke geschnittenen Strick fest und erhängten sich gleichzeitig, einander zugewandt. Der Tod trat durch Ersticken ein.

Ihr Fehlen wurde am gleichen Abend noch bei der Versammlung der „Zeugen Jehovas" um 20 Uhr im Rottenburger Königreichsaal registriert. Erscheinen ist für Sektenmitglieder Pflicht, und beide Kinder waren ebenso wie ihre Eltern Mitglieder. Nachdem sie auch bis zum Ende der Versammlung noch nicht aufgetaucht waren, machten sich die Eltern und Verwandten auf die Suche nach den beiden. Der Bruder eines der Mädchen fand schließlich die abgelegten Mofas und schraubte die Zündkerzen heraus, wohl um sie an einem weiteren „Ausreißen" zu hindern. Dann ging er erst einmal wieder nach Hause. Schließlich aber wurde er doch unruhig und suchte noch einmal. Gegen 0.30 Uhr fand er die toten Schülerinnen.

An einem Selbstmord, oder wie es der Oberstaatsanwalt juristischer formulierte, dem Tod „ohne Fremdeinwirkung", besteht kein Zweifel, im Zimmer eines der beiden Mädchen fand die Polizei noch in der gleichen Nacht einen *Abschiedsbrief.* Was außer der Selbstmordabsicht noch in dem einen Satz langen Brief enthalten ist, gibt die Staatsanwaltschaft nicht bekannt. Sicher jedoch ist, daß es weder das Motiv ist, noch der (Bildzeitungs)-Wunsch, „gemeinsam in Rottenburg beerdigt" zu werden.

Dennoch gibt es an dem Motiv für diese Verzweiflungstat kaum einen Zweifel. Sibylles Eltern, ursprünglich evangelisch, traten vor Jahren den Zeugen Jehovas bei und – so ein Bekannter der Familie – „blühten in ihrem Glauben voll auf". Sie wurden zu fanatischen „Zeugen", alles was von da an noch zählte, war ihr vermeintliches Seelenheil und das ihrer Tochter und ihres Sohnes. Getreu den Glaubensgrundsätzen der Sekte war ihnen dazu jedes in ihr religiöses Weltbild passendes Mittel recht. Nicht viel anders erging es Evelin und ihren beiden Geschwistern.

Für die Teenager war all das tabu und mit Strafe bedroht, was für ihre Schulkameraden in einer 9. Klasse an der Kreuzerfeld-Realschule normales Freizeitvergnügen und Selbstverständlichkeit war. Die beiden in einer „Notgemeinschaft" befreundeten Mädchen durften nicht zum Tanzen, wenn sie dem allmächtigen Kontrollsystem doch einmal entwischten, wurden sie von den Älteren aus der Diskothek geholt. Sie durften keine Freunde haben, sie durften nicht an Schulfeiern oder gar „religiösen" Veranstaltungen wie Adventsfeiern mitmachen. Auch mit anderen Kindern von Jehovas Zeugen spielten sich oft genug erschütternde Szenen in der Schule ab, wenn ein (seltener) Lösungsprozeß vom überstrengen Elternhaus begann. So ist es schon vorgekommen, daß ein Vater seinen 14jährigen Sohn im Lehrerzimmer verdammte: „Ich kenne diesen Menschen nicht."

„In der Schule", sagte ein Mitschüler, „haben sie sich noch am wohlsten gefühlt." Von den Noten her brachten Sibylle und Evelin gute bis befriedigende Leistungen, da gab es keinerlei Probleme. Die gab es allenfalls dadurch, daß sich die beiden „stillen und scheuen" (einer der Lehrer) Schülerinnen nur sehr schwer in den Klassenverband integrierten. Das nicht etwa, weil sie selbst nicht wollten oder die Klasse sie nicht angenommen hätte, sondern weil sie von den strenggläubigen Eltern immer wieder zum Ausscheren aus der Klasse gezwungen wurden, weil immer wieder dies verboten und jenes unter Strafe gestellt wurde.

Ausschlaggebend für den Selbstmord der beiden Kinder war dann offenbar die Forderung, ab kommenden Sonntag für die Sekte auch als Prediger von Haus zu Haus zu ziehen und den „Wachtturm" auf der Straße zu verkaufen. „Das machen wir nicht", sollen sie angekündigt haben, „eher hängen wir uns auf." Gestern morgen um 9 Uhr wurde Sibylle in Reutlingen eingeäschert.

wol

Friedrich-Wilhelm Haack

Lichtbildserie

die neuen jugendreligionen

Religiosität in der technischen Zivilisation
Problematik – Darstellung – Kritik

2. Auflage 1979
34 Farbdias mit Textkarten und Begleitheft, in einer handlichen Mappe, DM 72,–, Bestell-Nr. 50 598

Diese Lichtbildserie bietet eine ausgezeichnete Hilfe für die aktuelle Gruppenarbeit. Sie dient als Einstieg in die Beschäftigung mit einer wichtigen geistigen und sozialpolitischen Erscheinung unserer Zeit.

Friedrich-Wilhelm Haack

Lichtbildserie

Sekten

36 Farbdias, Textkarten, Begleitheft und Lese-Textheft in einer Mappe, DM 78,–, Bestell-Nr. 50 595

Die Diaserie „Sekten" empfiehlt sich als Ergänzung einer vorausgegangenen oder nachfolgenden Informations-Einheit über Sekten. Sie ist nicht als Ersatz, sondern als Einstieg oder auch Zusammenfassung gedacht.

Wulf Metz

Lichtbildserie

Buddhistische Frömmigkeit

36 Farbdias, Textkarten und Begleitheft in einer handlichen Mappe. DM 78,–, Bestell-Nr. 50 596

Die Bilder dieser Reihe stellen vor allem den sogenannten Hinayana- bzw. Theravada-Buddhismus vor. Als Ergänzung und Kontrast zeigen einige Bilder Beispiele aus dem chinesischen und dem lamaistischen Buddhismus. Die Reihe zeigt anschaulich die gelebte Frömmigkeit, wie sie auch heute in vielen Ländern des fernen Ostens angetroffen wird.